Pusteblume

Das Lesebuch 3

Neubearbeitung

Herausgegeben von Wolfgang Menzel

Erarbeitet von
Angelika Föhl, Karlsruhe
Nadine Pistor, Köln
Sonja Romahn, Köln
Helga Schön, Frankfurt
Ursula Schwarz, Lüdenscheid

Unter Beratung von
Gabriele Ruhl, Pfungstadt

Illustriert von
Matthias Berghahn, Martin Bernhard,
Angelika Çitak, Susanne Göhlich,
Marie Hübner, Stefanie Klaßen,
Bettina Kumpe, Susanne Schulte

Schroedel
westermann

Inhaltsverzeichnis

Zu vielen Texten in diesem Lesebuch gibt es passende Fragesätze in Antolin.

Werkstatt: Lernen

Werkstatt: Texte verstehen

Werkstatt: Märchen

Werkstatt: Gedichte

Werkstatt: Darstellendes Spiel

Anhang

Eine Übersicht findet sich im ausführlichen Inhaltsverzeichnis auf den Seiten 198–203.

Im Buch stöbern

1. Welches Kapitel beginnt auf Seite 94?

2. Suche im Inhaltsverzeichnis das Kapitel **Wetter und Wasser**. Auf welcher Seite fängt es an?

3. Wie heißt die Überschrift von Seite 119?

4. Gibt es Texte von Erhard Dietl? Wenn ja, wie heißen sie?

5. In welcher **Übungskiste** erfährst du etwas über den Game Boy?

6. Im Kapitel **Bücher und andere Medien** findest du **Die lange Geschichte**. Wie heißt sie?

7. Suche dieses Bild:

Auf welcher Seite hast du es gefunden?

1 Lies die Kärtchen an der Pinnwand.

2 Suche dir fünf Karten von der Pinnwand aus. Schreibe die Antworten auf.

8. Auf den Seiten 193–197 stehen **Wichtige Fachwörter**. Welches Fachwort beginnt mit dem Buchstaben **L**?

9. Suche im **Verzeichnis der Autorinnen und Autoren** unter dem Buchstaben **M** Manfred Mai. Welche Texte sind dort aufgeführt?

10. Welche **Ideenkiste** gefällt dir besonders gut? Warum?

11. Suche im Inhaltsverzeichnis das Kapitel **Essen und Trinken**. Auf welcher Seite steht ein Gedicht? Suche dann im Buch die Seite, auf der das Gedicht **Verwurmter Apfel** von Paul Maar steht.

12. In diesem Buch stehen viele Gedichte. Du erkennst sie oft an ihren kurzen Versen. Suche eine Seite, auf der ein Gedicht steht.

13. Von wie vielen Tieren handelt das Lied in der **Werkstatt: Darstellendes Spiel**?

3 Denke dir selbst eine Suchaufgabe für ein anderes Kind aus.

Wichtige Zeichen im Buch

1 So ein Zeichen steht vor jeder Aufgabe.

2 Eine Zusatzaufgabe erkennst du an dieser Farbe.

Zusatztexte erkennst du auch an dieser Farbe.

- Fachbegriffe klären
- Sich im Buch orientieren

▶ Fachwörter: S. 193–197

A wie Anfang

Ferien-ABC

1 Was hast du in den Sommerferien erlebt, getan oder gesehen? Gestalte dein eigenes Ferien-ABC.

- Erzählen
- Schreibmuster nutzen
- Das ABC wiederholen

▶ Lernen: S. 145 (Portfolio)
▶ Gedichte: S. 178

Immer längere Sätze lesen

Die Badewanne
Die Badewanne läuft.
Die Badewanne läuft über,
weil Linus das Wasser nicht abgestellt hat.

Die Ampel
Die Ampel springt.
Die Ampel springt auf Grün –
und nun kann ich über die Straße gehen.

Morena
Morena schlägt.
Morena schlägt ihr Buch.
Morena schlägt ihr Buch auf
und liest eine Geschichte.

Die Leute
Die Leute biegen.
Die Leute biegen sich.
Die Leute biegen sich vor Lachen,
weil ich so einen tollen Witz erzählt habe.

1 Lies die einzelnen Absätze.

2 Bilde selbst einen Satz, der immer länger wird.
Schreibe den Treppensatz in dein Heft.

- Treppensätze strukturieren und lesen
- Schreibmuster nutzen

Buchstaben ergänzen

Familie Pumpernick

Wolfgang Menzel

Das ist Familie **P**umpernick,
mit **P** beginnt ihr Name.
Die Frau heißt ▢aula **P**umpernick,
ihr Mann, der heißt **P**awudel,
Pepita heißt ihr ▢udel.

Frau ▢umpernick ▢ellt ▢aprika,
Herr ▢umpernick Kartoffeln.
Pepita ist nicht stubenrein,
sie ▢inkelt ▢lötzlich still und fein
in ▢umpernicks ▢antoffeln.

1 Welcher Buchstabe muss hier eingesetzt werden?
Übe den Text und lies ihn einem anderen Kind vor.

Ferienzeit

Nadine Pistor

Mit dem Fahrrad Touren machen,
▢reunde treffen, ▢eixen, lachen,
▢aulenzen und ▢ast ▢ood essen,
▢ußball spielen, Kräfte messen,
mal im ▢reien übernachten,
▢urcht dabei gar nicht beachten,
▢ernsehen, ▢lüstern
und sich ▢etzen,
▢erienzeit –
nicht zu ersetzen!

2 Welcher Buchstabe fehlt hier?
Übe den Text und lies ihn einem anderen Kind vor.

- Textmuster erkennen
- Einen Text vorbereiten und vortragen

▶ Lernen: S. 148/149

Stolperwörter finden

Meine Ferien

In den Paul Sommerferien war ich bei meiner Oma zu Besuch.
Ich bin gern bei meiner hat Oma.
Wir unternehmen immer viele seine schöne Sachen zusammen.
Zum Glück hat es nur selten Ferien geregnet.
So konnten wir viele Ausflüge mit dem Fahrrad machen im.
Meine Oma wohnt in der Nähe von einem Sommer Fluss.
Dort gern gibt es auch einen Sandstrand.
Am Strand waren immer bei viele andere Kinder.
Wir haben zusammen tolle Sandburgen gebaut seiner.
Ein Junge hatte ein ferngesteuertes Oma Schiff dabei.
Ich durfte es auch auf dem Wasser fahren in lassen.
Das Köln hat mir großen Spaß gemacht.
In den Herbstferien verbracht will ich wieder zu meiner Oma.

1 Lies die Geschichte halblaut Satz für Satz.
In jedem Satz passt ein Wort nicht.
Tippe mit dem Finger auf das Stolperwort.

2 Schreibe die Stolperwörter hintereinander in dein Heft.
Alle zusammen ergeben einen Lösungssatz.

- Genau lesen
- Syntaktisch unpassende Wörter finden

▸ Alles verändert sich: S. 71 ▸ Werkstatt-Heft Lesen: S. 5

Wörter in einen Lückentext einsetzen

Langeweile

Ich sitze in meinem ___ und langweile mich. Draußen hört es einfach nicht auf zu ___. Wütend trete ich gegen eine ___ Kiste, die in der Ecke steht. Der Deckel der Kiste fliegt ab. Ich sehe, was darin liegt, und bin ___. Es ist meine alte Holzeisenbahn! Eigentlich bin ich ja schon viel zu groß, um mit der ___ zu spielen. Ich fange ___ einfach an und baue drauflos. Irgendwann höre ich meine Mutter, die in mein Zimmer ___ will. Sie ruft mich zum Abendessen, aber sie kann die Tür kaum öffnen. Ich habe eine große Stadt mit Eisenbahn, Häusern aus ___ und Autos gebaut. Der Tag ist so schnell vorbeigegangen. Manchmal ist ___ gar nicht so schlecht!

alte

Zimmer

regnen

trotzdem

überrascht

Bauklötzen

Eisenbahn

Langeweile

kommen

1 Arbeitet zu zweit.
Einer liest den Satz, der andere findet das fehlende Wort.
Lest dann den vollständigen Satz noch einmal vor.

- Antizipierend lesen
- Vorgegebene Wörter in einen Text einsetzen

▸ Alles verändert sich: S. 71
▸ Detektive: S. 128

Textteile in die richtige Reihenfolge bringen

Der Kekskuchen

Tom und sein Vater wollen einen Kekskuchen zubereiten. Leider sind die Zettel mit der Anleitung durcheinandergeraten.

A

Lass dann das Kokosfett in einem Topf schmelzen und abkühlen.

Nimm eine Schüssel und rühre die Eier, das Salz und den Puderzucker schaumig. Gib dann das Kakaopulver dazu.

Z

Verteile etwas Creme auf dem Boden der Form. Schichte dann eine Lage Kekse darüber. Mache das so lange, bis Creme und Kekse verbraucht sind.

Stelle den Kuchen über Nacht in den Kühlschrank.

L

Gieße das abgekühlte Kokosfett in einem feinen Strahl langsam in die Eiermischung und verrühre alles zu einer Creme.

Lege eine Kastenform in der Größe 20 x 11 cm mit Backpapier aus.

S

Stelle zuerst die Zutaten bereit:

250 g Kokosfett
3 Eier
1 Prise Salz
125 g Puderzucker
50 g Kakao
35 Butterkekse

1 Bringe die Backanleitung in die richtige Reihenfolge. Die Buchstaben in den Kreisen ergeben ein Lösungswort.

2 An welchen Stellen im Text hast du gemerkt, wie du die Textteile ordnen musst? Erkläre.

- Informationen entnehmen
- Zusammenhänge herstellen
- Etwas erklären

▸ Essen: S. 56, 57

▸ Werkstatt-Heft Lesen: S. 6, 11

Unpassende Wörter ersetzen

Fahrt in den Sommerurlaub

Meine Tante und mein Baum fahren jedes Jahr mit ihrer Familie im Sommer ans Meer.

In diesem Jahr habe ich Pech. Mein Traum wird wahr, und ich darf mitkommen.

Endlich geht es los. Leider dauert es keine 30 Minuten, und wir stehen mit dem Auto im Keller.

Es ist schrecklich kalt, und wir schwitzen.

Am liebsten würden wir jetzt ein Nilpferd essen oder uns in kaltem Wasser abkühlen.

Mein kleiner Cousin Henri fängt an zu jammern. Er will aus seinem Gefängnis raus und spielen.

Zum Glück geht es dann doch schnell weiter. Nach drei Jahren Fahrt kommen wir endlich an.

Wir stellen das U-Boot ab und gehen direkt zum Strand. Da haben wir die lange Fahrt schnell vergessen.

1 Arbeitet zu zweit.
In jedem Absatz passt ein Wort nicht. Ersetzt diese Wörter.
Lest den Text mit den richtigen Wörtern vor.

Bilder und Texte zuordnen

Ich habe eine sehr komische Geschichte gelesen. Plötzlich war da ein echter Ritter im Zimmer von Lilli! Er wollte gegen Lillis Bruder kämpfen.

Ich habe beim Lesen immer versucht, den Fall selbst zu lösen. Das war klasse! Den Schlüssel hätte ich so schnell nicht gefunden.

Alle denken immer, dass Drachen gefährlich sind. Der Drache im Buch ist aber einfach nur wütend. Fibi ist eine echt coole Prinzessin. Ich wär auch gern so!

Die kennen keine Elefanten und klettern zu den Affen ins Gehege! Das hab ich im Zoo noch nie erlebt. Die Olchis sind so verrückt! Das mag ich.

1 Wer hat welches Buch gelesen?
Schreibe den Namen des Kindes und den Buchtitel auf.
Ella: …

- Informationen entnehmen
- Zusammenhänge herstellen
- Bilder und Texte zuordnen

- Meerestiere: S. 68
- Bücher: S. 92
- Detektive: S. 117

- Werkstatt-Heft Lesen: S. 7, 60

Bild und Text vergleichen

Im Freibad

Niemand trägt heute eine Sonnenbrille. Dummerweise funktioniert die Dusche im Freibad nicht. Ein Kind hat seine gelbe Badehose im Wasser verloren. Zwei Mädchen sehen das und lachen darüber. Ein Mädchen pustet viele Seifenblasen in die Luft. Es wird von einem Jungen ins Wasser geschubst. Im großen Becken stößt ein dicker Mann ein Kind ins Wasser. Leider gibt es in diesem Schwimmbad keine Rutsche.

1 Arbeitet zu zweit.
Lest jeden Satz und vergleicht ihn mit dem Bild. Stimmt er?

2 Stellt euch gegenseitig Fragen zu dem Bild.
Was hängt am Hals vom Bademeister?

▸ Genau lesen
▸ Bild und Text vergleichen
▸ Fragen formulieren
▸ A wie Anfang: S. 16
▸ Wetter: S. 44
▸ Detektive: S. 120/121
▸ Werkstatt-Heft Lesen: S. 4

Zwei Gedichte entflechten

Sonne

Wolfgang Menzel

Regen

Wolfgang Menzel

Die Sonne strahlt vom Himmel nieder.
Die Luft ist lau, es riecht nach Flieder.
Das Wetter heute ist abscheulich.
Die Straße nass, der Himmel gräulich.

Ein leiser Wind umschmeichelt mich,
er wärmt mich, und er streichelt mich.
Es regnet dicke, fette Tropfen,
ich höre sie ans Fenster klopfen.

Die Himmelswolken sind aus Watte.
Ich schaukle in der Hängematte.
Ich schaue durch die nassen Scheiben
hinaus in dieses irre Treiben.

Am liebsten bleib' ich hier im Haus.
So fühle ich mich richtig gut.
Und lach' das Schmuddelwetter aus.
Es fehlt nur noch ein Sonnenhut!

1 Arbeitet zu zweit.
- Jeder liest das Gedicht zunächst für sich allein.
- Findet heraus, welche acht Verse zum Gedicht **Sonne** gehören. Notiert die Zeilen.

2 Schreibe ein Gedicht mit der passenden Überschrift auf.

- Zusammenarbeiten
- Informationen entnehmen
- Zusammenhänge herstellen

▸ Wetter: S. 36/37
▸ Alles verändert sich: S. 78
▸ Fachwörter: S. 193–197
▸ Werkstatt-Heft Lesen: S. 10

Einen Text mit einem Plan vergleichen

Familienkalender

	Feiertage	Geburtstage	Ferien
Januar			6 Weihnachtsferien zu Ende
Februar		26 Opa	
März		3 Oma	
April	20 21 Ostern		16 Osterferien fangen an
Mai	11 Muttertag	4 Mama	2 Osterferien zu Ende
Juni	8 9 Pfingsten	9 Papa	
Juli			14 Sommerferien fangen an
August			22 Sommerferien zu Ende
September		4 Tobias	
Oktober	3 Tag der Deutschen Einheit		20 Herbstferien fangen an
November		1 Sandra	3 erster Schultag nach den Ferien
Dezember	25 26 Weihnachten		22 Weihnachtsferien fangen an

Sandra: „Opa hat als Erster im Jahr Geburtstag."

Tobias: „Ist das nicht praktisch? Mama hat dieses Jahr am Muttertag Geburtstag."

Oma: „Sandra hat es dieses Jahr am besten. Ihr Geburtstag ist in den Herbstferien."

Opa: „Euer Papa hat doch am 15. Juni Geburtstag. Fünf Tage später fangen die Sommerferien an."

Sandra: „Wenn Papa Geburtstag hat, haben wir frei. Da ist Pfingsten."

Tobias: „In den Sommerferien hat keiner von uns Geburtstag."

1 Wer sagt etwas, das nicht stimmt? Vergleiche mit dem Kalender.

▸ Aussagen zu einem diskontinuierlichen Text überprüfen

▸ A wie Anfang: S. 14
▸ Wetter: S. 44

Einen Text vortragen

Wenn es blitzt von Westen her,
deutet's auf Gewitter schwer.
Kommt von Norden her der Blitz,
Deutet es auf große Hitz'.

Biene, Biene, summ, summ, summ,
brummt dort auf den Blüten rum.
Saugt den süßen Honig aus –
1, 2, 3, und du bist raus!

Am Sonntag weckt die Mutter ihren Sohn Peter um 10 Uhr.
„Was, du liegst noch im Bett? Du solltest dich schämen!", schimpft sie.
Peter kuschelt sich noch tiefer in die Kissen und meint:
„Ach, lass mich noch drei Minuten schämen,
es ist so gemütlich hier!"

Den winzigen Zwerg Zimpelpum
zwickt seine Zipfelmütze.
Er zupft, er zieht und zerrt zuletzt
voll Zorn sie in die Pfütze.

1 Wähle einen Text für einen Lesevortrag aus.

2 Lies diesen Text mehrmals halblaut und achte darauf:
- langsam und deutlich zu sprechen
- Pausen zu machen
- besondere Wörter oder Stellen im Text zu betonen

3 Lies den Text einem anderen Kind vor,
oder trage ihn auswendig vor.

- Einen Text auswählen, vorbereiten und vortragen
- Hilfen zum Vortragen nutzen

▸ Essen: S. 56
▸ Lernen: S. 148
▸ Gedichte: S. 179
▸ Hör-CD: Nr. 1/1

Ich – du – wir

Ich, du, wir und ihr

Pernilla Stalfelt

Jedes Ich ist auch ein Du!!!

Ich und meine Freunde
sind **wir**.

Du und deine Freunde
seid **ihr**.

Manchmal ist es gut,
sich Fragen zu stellen.

Man diskutiert
und versucht
zu verstehen.

1 Arbeitet zu viert nach der Ich-du-wir-Methode.
Findet Beispiele für die Aussagen.

- Informationen entnehmen
- Über einen Text nachdenken
- Kooperativ arbeiten

▸ Lernen: S. 142, 143

▸ Werkstatt-Heft Lesen: S. 62/63

Spiegel

Fredrik Vahle

Ich schau in den Spiegel
und sehe mich an
und sehe,
dass ich mich sehen kann.
Und sehe
und sehe,
das gibt's doch nicht,
ich sehe mich an in mein eignes Gesicht.
Wer sieht wen an?
Der im Spiegel mich?
Das ist schon ein wenig verwunderlich.
Oder ich ihn, so zu ihm hin.
Weiß der denn da,
wer ich eigentlich bin?
Bin ich so oder so,
mal traurig, mal froh,
mal kalt, mal warm,
mal nachdenksam.
Er schaut mich an
und ich sag: Guten Tag,
er grüßt mich auch,
worauf ich nur sag,
dass ich den doch eigentlich
ganz gern mag ...
Ich lächle ein kleines gütiges Stück
und aus dem Spiegel lächelt's zurück ...

1 Schau dich im Spiegel an. Was siehst du?

2 Welche Gedanken gehen dir dabei durch den Kopf?

- Sich handelnd mit einem Gedicht auseinandersetzen
- Gedanken formulieren

▸ Gefühle: S. 130

▸ Hör-CD: Nr. 1/2

Ich male Bilder in meinem Kopf

Dirk Janke

Tim und Sebastian gehen in die gleiche Schule, aber in verschiedene Klassen. Sie treffen sich zufällig auf dem Nachhauseweg. Tim weiß, dass Sebastian von Geburt an blind ist. Sie gehen nebeneinander her, und Tim fragt:

„Wie ist'n das, wenn man blind ist?"

„Das ist schwierig zu erklären", antwortet Sebastian. „Ich bin schon von Geburt an blind und kenn das ja nicht anders. Aber wenn man nichts sieht, dann muss man genauer hören, was um einen herum passiert. So, wie du dir wahrscheinlich Gesichter merkst, merke ich mir die Stimmen der anderen Kinder und versuche, sie daran wiederzuerkennen."

„Das heißt, du weißt nicht, wie ein Formel-1-Wagen aussieht, der Himmel, ein Tisch oder die Farbe Grün?"

„Nein!", antwortet Sebastian. „Aber ich habe das alles für mich noch einmal neu erfunden. Menschen oder Dinge, die ich noch nicht kenne, muss ich mir vorstellen. Ich male Bilder in meinem Kopf, die zu den Geräuschen, zu den Gerüchen oder zu dem, was ich fühle oder schmecke, passen. Ob das wirklich so aussieht, weiß ich natürlich nicht!"

Tim hört aufmerksam zu. Er will mehr erfahren: „Und was ist mit Fahrradfahren, Fußballspielen oder Rumtoben? Kannst du so was?"

„Ja, schon", sagt Sebastian, „aber das geht nur, wenn man mir hilft. Mit meinen Eltern, meiner Schwester oder mit Frau Ludwig, meiner Hilfslehrerin, mach ich das manchmal. Die laufen beim Fahrradfahren dann neben mir her und sagen, in welche Richtung ich fahren muss."

„Und was ist mit Fußball?", will Tim wissen.

„Fußball kann keiner von denen!", sagt Sebastian leise.

„Aber ich kann Fußball spielen!“, ruft Tim und springt auf. „Und das sogar ziemlich gut. Ich habe heute in Sport das einzige Tor geschossen. Ich könnte dir ein paar von meinen Tricks beibringen.“

Tim ist ganz aufgeregt. Sie überlegen gemeinsam, welches Fußballtraining Sebastian machen könnte, und verabreden sich gleich für das nächste Wochenende.

„Jetzt muss ich aber los“, sagt Tim, „sonst macht sich meine Mutter Sorgen. Die wartet wahrscheinlich schon mit dem Essen!“

„Ist bei mir genauso“, erwidert Sebastian und fügt dann noch hinzu: „Also, wir sehen uns morgen in der Schule!“ Beide lachen laut.

Zu Hause angekommen, stellt Tim seine Schultasche ins Zimmer, wäscht sich die Hände, geht in die Küche und setzt sich still an den Küchentisch.

Seine Mutter fragt verwundert: „Willst du denn heute gar nicht wissen, was es gibt? Das ist doch sonst immer deine erste Frage, wenn du von der Schule kommst!“

„Diesmal nicht“, sagt Tim. „Ich will etwas ausprobieren …“

Als die Mutter ihm den Teller auf den Tisch stellt, schließt er fest die Augen.

1 Sebastian kann nicht mit den Augen sehen. Wie kann er trotzdem Kinder voneinander unterscheiden?

2 Was meint Sebastian mit dem Satz **Ich male mir Bilder im Kopf**? Erkläre.

3 Was will Tim am Mittagstisch ausprobieren? Probiere das auch einmal aus. Was fühlst du? Was schmeckst du?

4 Recherchiere zum Thema **Blindsein**, zum Beispiel bei *www.fragfinn.de.*

Freundschaften – Kinder erzählen

Mara und Nickel

Mara: Im Kindergarten haben Nickel und ich tolle Höhlen gebaut und stundenlang mit Bausteinen gespielt. Und am Anfang saßen wir in der Klasse nebeneinander.

Nickel: Inzwischen spiele ich in der Pause auch viel mit meinen Freunden, und Mara ist mit ihren Freundinnen zusammen. Aber am Wochenende verabreden wir uns oft und machen was zusammen.

Mara: Wir sind Freunde und merken, wenn es dem anderen nicht gut geht. Dann helfen wir uns. Wir streiten manchmal miteinander, aber wir vertragen uns auch immer wieder schnell.

Bruno und Jojo

Bruno:
Jojo und ich haben uns in der ersten Klasse kennengelernt. Beim Proben für eine Theateraufführung habe ich gemerkt, wie nett Jojo ist. Seit dieser Zeit haben wir uns oft verabredet. Zusammen sind wir dann zum Judo gegangen und haben beide den gelben Gürtel gemacht. Wir sind richtig gute Freunde geworden. Leider ist Jojo letztes Jahr in eine andere Stadt gezogen. Das fanden wir beide nicht gut. Aber inzwischen haben wir uns in den Ferien besucht, und das war jedes Mal sehr schön.

1 Erzählt von euren Freundschaften.

▸ Über Erfahrungen sprechen

▸ Gefühle: S. 138/139
▸ Lernen: S. 143

Jette

Peter Härtling

Jette sitzt an ihrem Schreibtisch und fertigt eine Liste aller ihrer Freundinnen und Freunde an, aller derzeitigen. Einige Freundinnen sind nämlich gewesene und werden nicht mehr aufgestellt. Und über einen Freund ist sie sich nicht schlüssig. Das ist Milan. Sie kennt ihn noch nicht lange. Er wohnt seit Kurzem im Nachbarhaus, und Max, Jettes ältester Freund, möchte ihn am liebsten vergessen, was er natürlich nicht kann, da er Milan täglich auf der Straße oder im Haus oder sonst wo trifft. Milan gefällt Jette und das gefällt Max nicht. Das ist klar. Max ist eifersüchtig. Und das wiederum bringt Jettes Liste durcheinander.

An die Spitze hat sie Susi geschrieben, an die zweite Stelle Annette, danach Korinna und Grete. Als Erster nach den Mädchen wäre Max dran. Keiner ist so lange ihr Freund wie er. Jettes Mutter Karola sagt oft: „Ihr zwei habt schon im Kinderwagen miteinander geflirtet." Daran kann Jette sich nicht erinnern und Flirten findet sie sowieso blöd. Mit Milan ist es auch anders. Mit dem würde sie nie solchen Quatsch machen wie mit Max. Milan mag sie heimlich.

Ich kann Max nicht runtersetzen, sagt sie sich und schaut aus dem Fenster, hinüber zum Nachbarhaus, wo Milan wohnt, der es ihr so schwer macht. Wovon er aber nichts weiß. Sie zerreißt die Liste. Solange sie sich nicht entscheiden kann, stimmt sie nicht. Also weg damit.

1 Lies den Text Absatz für Absatz.
Beantworte die fünf W-Fragen für dich.

Wer?	Wo?	Wann?	Was?	Warum?

- Einen Text genau lesen
- W-Fragen beantworten

- Lernen: S. 143
- Texte verstehen: S. 156

- Hör-CD: Nr. 1/4
- Werkstatt-Heft Lesen: S. 26/27

Echte Freundschaft, die wichtigste Sache der Welt!

Susanne Gaschke

A Freundschaft, das ist eine eigenartige, geheimnisvolle, kostbare Sache. Sie hat mit Zuneigung zu tun, mit Vertrauen, mit einer sehr engen Bindung. Wir können offenbar nicht mit allen Menschen gleich stark befreundet sein: Wenn jemand mein bester Freund ist, dann bedeutet das irgendwie, dass andere es nicht sein können. **Wir zwei** (manchmal auch **wir drei** oder **wir vier**) teilen etwas ganz Besonderes.

B Wenn dieses Gefühl und damit eine Freundschaft bedroht ist, dann löst das Angst und Eifersucht aus. Denn so schön es ist, einen Freund zu haben, man hat eben auch etwas zu verlieren. Und so zeigt sich echte Freundschaft besonders oft dann, wenn es Schwierigkeiten gibt, wenn unsere Treue und Verlässlichkeit getestet werden. Wenn man sich furchtbar streitet, aber doch wieder verträgt. Oder wenn es so aussieht, als ob ein Freund sich von uns abwendet, weil er plötzlich andere Leute „cooler“ findet.

C Es ist selten so, dass einem eine Freundschaft einfach in den Schoß fällt. Man muss etwas dafür tun: sich Mühe geben, Zeit haben, auch Fehler verzeihen. Und auf keinen Fall darf man den anderen ausnutzen: Wenn ich nur so lange freundlich zu jemanden bin, wie ich seine Mathe-Hausaufgaben abschreiben darf, dann ist das ein Handel, keine Freundschaft.

D Lohnt sich dieser ganze Aufwand eigentlich? Reicht es nicht, sich mit ein paar „Freunden“ auf Facebook auszutauschen, wenn man gerade mal Lust dazu hat? Anscheinend nicht. Anscheinend gehört Freundschaft mit dem ganzen Drumherum und der ganzen Mühe tatsächlich zu den allerwichtigsten Dingen im Leben. Forscher, die Kinder aus ganz unterschiedlichen Gründen darüber befragen, was ihnen wichtig ist, hören immer die gleiche Antwort: Das Wichtigste überhaupt sind Freunde. Freundschaft scheint bedeutsamer zu sein als Schule, Hobbys, Musik und Klamotten. Wer keinen Freund oder keine Freundin hat, der hat es also ziemlich schwer.

1 Für eine Freundschaft muss man etwas tun

2 Freundschaft gehört zu den allerwichtigsten Dingen im Leben

3 Freundschaft – eine besondere Sache

4 Eine gute Freundschaft zeigt sich bei Schwierigkeiten

1 Ordne die Überschriften den Abschnitten zu.
Notiere deine Ergebnisse:
A – 3, B – …

2 Arbeitet zu viert nach der Ich-du-wir-Methode.
Was macht eine echte Freundschaft aus?

- Zwischenüberschriften zuordnen
- Kooperativ arbeiten

- Gefühle: S. 138/139
- Lernen: S. 142, 143
- Texte verstehen: S. 160

- Werkstatt-Heft Lesen: S. 30/31, 62/63

Internationaler Tag der Freundschaft

Im Jahr 2011 haben die Vereinten Nationen (UN) den 30. Juli zum **International Day of Friendship** erklärt. Dieser Tag soll dazu dienen, jedes Jahr an Freundschaften zwischen einzelnen Menschen, Gruppen, Kulturen und Nationen zu erinnern und die Freundschaften zu feiern. Für Kinder ist der Botschafter des Freundschaftstages Winnie Puh.

> Die UN ist ein Zusammenschluss fast aller Länder der Erde. **UN** steht für **United Nations** und bedeutet **Vereinte Nationen.**

Lass uns Freunde bleiben!

Let's stay friends!

Давай останемся друзьями!

Arkadaş kalacağız!

Ας μείνουμε φίλοι!

Låt oss stanna vänner!

Nous restons amis!

Nadal jesteśmy przyjaciółmi!

1 Arbeitet zu zweit. In welchen Sprachen ist der Satz **Lass uns Freunde bleiben!** geschrieben?

2 Tauscht euch in der Klasse über eure Vermutungen aus.

3 Schreibe und gestalte eine Karte für eine Freundin oder einen Freund.

- Wörter und Sätze in anderen Sprachen kennenlernen
- Mit Schrift gestalten

▸ Essen: S. 46
▸ Lernen: S. 145 (Portfolio)

Anders als du

Text und Melodie: Robert Metcalf

2

Braun ist anders als 

ist anders als 

ist anders als  .

 ist anders als 

ist anders als 

ist anders als .

3

Dick ist anders als 

ist anders als 

ist anders als .

 ist anders als 

ist anders als 

ist anders als  .

1 Findet mithilfe der Abbildungen heraus, welche Wörter in der zweiten und dritten Strophe gesungen werden.

- Ein Lied kennenlernen
- Einen Bildwörtertext lesen

▶ Darstellendes Spiel: S. 182/183

▶ Hör-CD: Nr. 1/5

Rosie und Moussa

Michael De Cock

Rosie und Moussa sind auf dem Dach ihres Wohnhochhauses. Sie können nicht zurück ins Treppenhaus, denn der Hausmeister hat die Tür abgeschlossen. Kein Mensch weiß, wo sie sind. Deshalb haben Rosie und Moussa Papiere mit Hilferufen beschrieben und sie vom Dach geworfen. Jetzt warten sie frierend darauf, dass ihnen jemand die Tür wieder aufschließt.

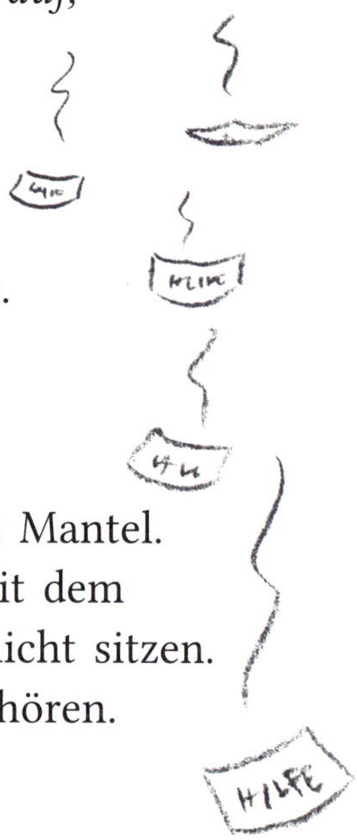

Rosie bibbert. Jetzt wird es langsam wirklich kalt.
„Willst du meinen Mantel haben?“, fragt Moussa.
Rosie schüttelt den Kopf. „Das ist lieb von dir“, sagt sie.
„Ich weiß was“, sagt Moussa und öffnet den langen Reißverschluss.
„Du einen Ärmel, ich einen Ärmel.“
Da sitzen sie also. Rosie und Moussa. Beide in Moussas Mantel. Rosie mit dem linken Arm im linken Ärmel, Moussa mit dem rechten Arm im rechten. Näher zusammen kann man nicht sitzen. Ganz in der Ferne können sie die Geräusche der Stadt hören.

„Sollen wir umgekehrte Welt spielen?“
„Meinetwegen.“
In der umgekehrten Welt ist alles das genaue Gegenteil von dem, was es in Wirklichkeit ist. Rosie hat es schon einmal in der Schule gespielt und dabei sehr lachen müssen.

„Puh, ist mir warm“, sagt Moussa und wischt sich mit dem Handrücken den Schweiß von der Stirn.
„Ja, mir auch“, sagt Rosie und versucht, dabei so ernst wie möglich dreinzuschauen. „Wirklich knallheiß hier.“
„Ich bin Rosie ...“, sagt Moussa.
„Und ich bin Moussa“, sagt Rosie dann.
„Und Angst habe ich überhaupt keine“, sagt Moussa. „Hier auf unserer Sanddüne.“

„Ich auch nicht“, sagt Rosie entschlossen.
Dann ist es wieder still. Vielleicht ist es zu kalt, um umgekehrte Welt zu spielen.

„In der umgekehrten Welt“, sagt Moussa dann, „bist du schwarz und ich weiß.“
Rosie hat sich noch nie gefragt, wie es wohl ist, schwarz zu sein.
„Dann würden sie dir und nicht mir auf der Straße hinterhergucken“, sagt Moussa.
„Ich würde dir nie auf der Straße hinterhergucken“, sagt Rosie. „Gibt es denn Leute, die das tun?“
Moussa zuckt die Schultern. „Manchmal. Manchmal kann ich die stechenden Blicke im Rücken spüren.“
„Mach dir nichts draus“, sagt Rosie dann. „Und übrigens, was du da sagst, stimmt nicht. In der umgekehrten Welt ist es nämlich egal, ob du weiß oder schwarz oder braun oder grün bist.“

Das war ein schwieriger Satz. Darüber muss Moussa erst einmal nachdenken.

1 Arbeitet zu zweit.
Was ist **umgekehrte Welt**?
Findet die passende Textstelle.

2 Spielt zu zweit umgekehrte Welt.

3 Warum ist es in der umgekehrten Welt egal, welche Hautfarbe man hat? Sprecht darüber.

Das Tigermädchen

Heinz Janisch

„Das Mädchen von den neuen Nachbarn
ist mir unheimlich“,
sagt Theo beim Frühstück.
„Ich hab die ganze Nacht von ihr geträumt.
Sie rennt alles nieder, wie ein Elefant.
Meine ganzen Bausteine hat sie
das letzte Mal umgestoßen!
Sie zeigt mir dauernd die Zunge,
und sie spuckt manchmal!
Sie reißt mich an den Haaren. Das tut weh!
Sie krallt sich fest wie ein Tiger.
Und manchmal springt sie mir auf den Rücken
und will nicht mehr runter!“

Theos Vater hört zu essen auf.
Er legt das Brot auf den Teller.

„Nina ist anders. Sie ist so geboren.
Sie macht viele Sachen anders als wir.
Sie kann ihre Bewegungen nicht so
kontrollieren wie du.
Ihr Elefantenschritt ist sicher
keine Absicht.
Vielleicht kann sie ihn dir zeigen?
Manchmal kann so ein fester Elefantenschritt
gar nicht schaden!

Wenn sie dich an den Haaren reißt,
dann will sie nur, dass du sie anschaust!
Du sollst ihr in die Augen schauen.
Sie kann nicht sprechen, also redet sie mit den Händen.
Ich hab gar nicht gewusst, dass sie das
so schnell wie ein Tiger macht!
Nina, das Tigermädchen!

Und warum sie spuckt? Wenn sich ihr Mund trocken anfühlt und sie auch gern reden möchte, dann streckt sie die Zunge heraus. Da kann es schon passieren, dass sie uns allen die Zunge zeigt und dabei spuckt.

Und wenn sie dir auf den Rücken springt, dann will sie mit dir spielen. Sie vertraut dir. Du darfst sie spazieren tragen. Das darf nicht jeder!“

Theo denkt nach. „Aber warum läuft sie dann manchmal weg, wenn sie mich sieht?“

„Sie will mit dir verstecken spielen. Sie versteckt sich, damit du sie finden kannst.“

„Das Spiel kenn ich“, sagt Theo.

Theos Vater holt zwei Äpfel. Er wirft Theo einen zu. „Nach dem Frühstück werde ich Nina und ihren Eltern einen Besuch abstatten. Kommst du mit? Oder fürchtest du dich?“ Theo schaut ihn ungläubig an. „Fürchten? Vor einem Mädchen?“ Er steht ungeduldig auf. „Wann gehen wir?“

1 Arbeitet zu zweit.
Wählt drei Dinge aus, die Nina tut. Findet Erklärungen.

Übungskiste

An den richtigen Stellen Pausen machen

Viele Freunde

Viele Freunde habe ich nicht
immer sind wir zueinander nett und sauer
sind wir auch manchmal richtig böse aufeinander
aber sind wir nie.

Wir toben gern beim Monopoly
will jeder gewinnen mit den Fahrrädern
rasen wir wild herum im Schwimmbad
bespritzen wir uns mit Kuchen und Kakao
feiern wir zusammen Geburtstagspartys.

1 Übe den Text vorzulesen.
Mache sinnvolle Lesepausen.
Lies den Text einem Partner vor.

Was wir haben, was wir können

Wir alle haben nur einen Daumen
an jeder Hand in unseren Köpfen
ist viel Verstand auf unseren Beinen
können wir gehen mit unseren Augen
können wir sehen auf unseren Füßen
können wir stehen mit unseren Mündern
können wir lachen –
und Fratzen machen.

2 Schreibe den Text so ab, dass ein Gedicht daraus entsteht.
Achte auf die Reimwörter.

Wir alle haben nur einen Daumen an jeder Hand, …

Ideenkiste

Jeder kann etwas

Schreibt eure Namen auf kleine Zettel.
Faltet die Zettel und steckt sie in einen Beutel.
Zieht jetzt blind und ohne zu sprechen einen Namen.

Mache dir Gedanken zu dem Kind, dessen Namen du gezogen hast. Überlege, was dieses Kind besonders gut kann.
Was sind seine Stärken?
Gestalte ein Blatt mit deinem Text.
Du kannst auch ein Bild dazu malen.

Anna kann gut Streit schlichten.

Timmy ist der beste Witzerzähler weit und breit. Wenn ich mit ihm spiele, lachen wir uns kaputt.

Mariam kann auch ohne Sprache sehr gut zeigen, was sie will.

Hängt die Blätter in eurer Klasse auf.
Seht sie euch gemeinsam an und sprecht darüber.

- Eine schriftliche Anweisung verstehen und durchführen
- Sich austauschen

- Das Jahr: S. 115
- Detektive: S. 129
- Gefühle: S. 141

Wetter und Wasser

Pfützenwetter

Peter Doig: Blotter, 1993

1 Was entdeckst du auf dem Bild?

2 Erzähle von einem eigenen Erlebnis bei Pfützenwetter.

- Ein Kunstwerk betrachten
- Erzählen und zuhören
- Über Erfahrungen sprechen

Spiegel

Alfred Könner

In der kleinen
Regenpfütze
glitzern tausend
Sonnenblitze,
spiegelt sich der
Störche Zug,
eines Drachens
Wolkenpflug,
zieht ein Flugzeug
durch den Raum,
steht ein Stück vom
Lindenbaum,
glänzt das fernste
Sternenlicht,
schwebt und zittert
dein Gesicht.

1 Was spiegelt sich alles in der Regenpfütze?

2 Fotografiert das, was sich in einer Pfütze spiegelt.

3 Schreibt zu eurem Foto und macht eine Ausstellung mit euren Fotos und Texten.

- Informationen entnehmen
- Schreibideen entwickeln
- Texte verfassen

▸ Lernen: S. 145 (Portfolio)

Abdullah, Emma und das schöne Wetter

Kathi Roman

Emma und Abdullah haben sich aus einem riesigen Karton einen Fernseher gebaut. Nun machen sie ihr eigenes Fernsehprogramm.

„Guten Abend, liebe Kinder, Mamas und Papas, hier ist das Emma-Fernsehen mit den Nachrichten. Ding Dang Dong“, flötet Emma aus dem Fernseher heraus. Abdullah setzt sich mit dem Taschenrechner in der Hand davor. Emma erzählt ein paar haarsträubende Geschichten von einer entlaufenen Giraffe, dem Gewinner des Regenschirm-Flug-Wettbewerbs über den Hosenbein-Kanal und von den gerade neu erfundenen Ferien-Verlängerungs-Pillen.

„Und nun kommt Abdullah und macht schönes Wetter“, sagt sie dann, wedelt mit der Hand neben dem Karton herum und zischt: „Du musst jetzt herkommen.“

„Ach ja“, sagt Abdullah und steht auf. „Aber, was genau ist denn schönes Wetter?“

„Schönes W e t t e r?“ Emma kommt hinter dem Fernseher hervor.

„Also, schönes Wetter ist natürlich Sonne, Schnee und Hitzefrei!“

„Aha“, sagt Abdullah. „Und was ist mit Regen?“

„Regen ist nicht schön. Regen muss sein!“, sagt Emma.

„Komisch“, sagt Abdullah. „Ich find Regen schön.“

„Sehr komisch“, sagt Emma und tippt sich an die Stirn.

„Wenn's regnet, werd' ich nass.“

„Wenn's regnet, macht das Spaß“, sagt Abdullah.

„Wenn's regnet, geh ich ins Haus!“, sagt Emma und nickt.

„Wenn's regnet, geh ich raus“, sagt Abdullah.

„Regen nervt mich voll!“, sagt Emma, und genau in diesem Moment fängt es an zu tröpfeln. Erst ein bisschen, dann immer mehr und mehr. Richtig dicke Tropfen.

„Heija, heija, Regen ist echt toll. Heija, heija, Regen!“, singt Abdullah laut, zieht seine Schuhe aus und beginnt, wie ein Indianer im Kreis zu hüpfen.
Emma steht da wie angewurzelt.
Die Tropfen platschen auf ihren Kopf und die Arme. Alles nass!
Sie spürt, wie ihr T-Shirt an der Haut klebt.

Und dann fängt sie auch einfach an, herumzuhüpfen wie eine wildgewordene Indianerin und singt: „Heija, heija, Sonne, komm herbei. Heija, heija, Sonne, heija, heija!“
Es dauert eine Weile, doch dann strahlt, mitten im Regen, plötzlich wirklich die Sonne zwischen den Wolken hervor.
Hell und warm.
„Heija, heija, Regen ist echt toll“, singt Abdullah und hüpft durch die Pfützen.
„Heija, heija, Sonne mag ich doll“, singt Emma und dreht sich im Kreis.
Doch dann stoppt Abdullah, zeigt in den Himmel und schreit: „Guck mal, Emma. Da!“
Emma schaut hinauf: Ein riesiger, knallbunter Regenbogen spannt sich über den Himmel.

1 Was ist schönes Wetter für Abdullah, was für Emma?

2 Was ist schönes Wetter für dich? Warum?

- Informationen entnehmen
- Die eigene Meinung äußern und begründen

- A wie Anfang: S. 15
- Lernen: S. 148
- Darstellendes Spiel: S. 188
- Hör-CD: Nr. 1/10

Wasser

Der größte Teil der Erdoberfläche ist mit Wasser bedeckt. Das meiste Wasser ist Salzwasser und kommt in den Weltmeeren vor. Nur ein winziger Teil ist Trinkwasser aus Seen und Flüssen. Unter der Erde gibt es auch Wasser: das Grundwasser.

Wasser begegnet uns nicht nur in flüssiger Form. Es gefriert bei 0 Grad Celsius (0° C) zu Eis. Wir finden es auf hohen Bergen als Schnee und Gletscher. Riesige Eisflächen gibt es auch rund um den Nordpol und den Südpol. Wenn man Wasser erhitzt, fängt es bei 100 Grad Celsius (100° C) an zu kochen und wird zu Wasserdampf. Dieser ist unsichtbar in der Luft enthalten. Wolken und Nebel bestehen aus winzigen Wassertröpfchen, die in der Luft schweben.

Auch wir Menschen bestehen zu mehr als der Hälfte aus Wasser; das Gleiche gilt für Tiere und Pflanzen. Leben ohne Wasser ist unmöglich. Ein Mensch kann im Notfall bis zu einem Monat lang hungern, aber ohne Wasser stirbt er nach wenigen Tagen.

1 Ordne die Überschriften den einzelnen Textabschnitten zu.

Wasser kommt in verschiedenen Formen vor

Wasser ist lebensnotwendig

Wasser überall

- Informationen entnehmen
- Zwischenüberschriften zuordnen

▶ Texte verstehen: S. 159, 160

▶ Werkstatt-Heft Lesen: S. 30/31

Das Wasser

James Krüss

Vom Himmel fällt der Regen
und macht die Erde nass,
die Steine auf den Wegen,
die Blumen und das Gras.

Die Sonne macht die Runde
in altgewohntem Lauf
und saugt mit ihrem Munde
das Wasser wieder auf!

Das Wasser steigt zum Himmel
und wallt dort hin und her.
Da gibt es ein Gewimmel
von Wolken, grau und schwer.

Die Wolken werden nasser
und brechen auseinand'
und wieder fällt das Wasser
als Regen auf das Land.

Der Regen fällt ins Freie,
und wieder saugt das Licht,
die Wolke wächst aufs Neue,
bis dass sie wieder bricht.

So geht des Wassers Weise:
Es fällt, es steigt, es sinkt
in ewig gleichem Kreise
und alles, alles trinkt!

1 Vergleiche das Gedicht mit der Grafik.

2 Welche Informationen aus dem Sachtext von Seite 38 findest du hier in der Grafik wieder?

Sturm über dem Meer

Cornelia Funke

Auf ihrem Flug zum Drachenparadies erlebten der Silberdrache Lung, der Drachenreiter Ben und das Koboldmädchen Schwefelfell viele Abenteuer.

Der Wind, der ihnen schon die ganze Zeit entgegenblies, wurde stärker und stärker. Lung versuchte ihm auszuweichen. Er stieg mal höher und ließ sich dann wieder tiefer sinken, aber der Wind war überall. Immer mühsamer kam der Drache voran. Wolken türmten sich wie Himmelsgebirge vor ihnen auf. Donner grollte. Blitze erhellten den immer noch dunklen Himmel.

„Wir kommen vom Kurs ab, Lung!“, rief Ben. „Der Wind treibt dich nach Süden!“
„Ich komme nicht gegen ihn an!“, rief der Drache zurück.
Mit all seiner Kraft stemmte er sich gegen den unsichtbaren Feind. Doch der Wind riss ihn mit sich, heulte ihm in die Ohren und drückte ihn hinunter, auf die schäumenden Wellen zu.

Ben und Schwefelfell klammerten sich verzweifelt an Lungs Zacken.
Zum Glück hatte auch Schwefelfell sich festgebunden.
Ohne die Riemen wären sie von Lungs Rücken gerutscht und in die Tiefe gestürzt.
Regen peitschte aus den Wolkenbergen auf sie herab.
Bald waren die Zacken des Drachens so glitschig, dass ihre Hände nirgendwo mehr Halt fanden und Schwefelfell sich an Bens Rücken klammerte.
Unter ihnen schäumte das Meer. Ein paar Inseln lagen zwischen den Wellen, sonst war kein Land in Sicht.
„Ich glaub, wir treiben auf die ägyptische Küste zu!“, schrie Ben.
Schwefelfell klammerte sich noch fester an ihn.
„Küste?“, rief sie. „Küste ist gut, egal welche. Hauptsache, wir landen nicht in der Suppe da unten.“

Die Sonne ging auf, aber sie war nur ein blasses Licht hinter den dunklen Wolken. Lung kämpfte. Der Sturm drückte ihn immer wieder auf die Wellen zu, so tief, dass die Gischt Ben und Schwefelfell ins Gesicht spritzte. Dann tauchte plötzlich ein Küstenstreifen aus dem Dunst auf.
„Da!“, schrie Ben. „Da vorne ist Land, Lung. Schaffst du es dahin?“
Mit letzter Kraft stemmte der Drache sich gegen den Wind und näherte sich langsam, ganz langsam dem rettenden Ufer.
Unter ihnen peitschte das Meer gegen niedrige Klippen, Palmen bogen sich im Wind.
„Wir schaffen es!“, schrie Schwefelfell und bohrte ihre kleinen Krallen durch Bens Pullover. „Wir schaffen es!“

1 Wie erleben die Drachenreiter den Sturm? Nenne drei Beispiele.

1 Schreibe das Thema **Folgen von Gewittern** auf und kreise es ein.

2 Erstelle nun ein Cluster, wie es in der **Werkstatt: Texte verstehen** auf Seite 154 beschrieben wird.

Gewitter ließen es zu sehr krachen

Carsten Werner

Heftige Gewitter mit Starkregen, Sturm und Hagel haben in Teilen Deutschlands zu Schäden geführt. Mehrere Menschen wurden zudem verletzt.

Am Sonntagabend hat es in weiten Teilen Deutschlands ganz schön gekracht. Starke Gewitter haben mit Blitz und Donner für eine unruhige Nacht gesorgt. In einigen Regionen fiel in wenigen Stunden so viel Regen wie sonst in mehreren Wochen. Überall waren die Feuerwehren im Großeinsatz. Viele Keller mussten leergepumpt und Straßen von Schlamm und Hindernissen befreit werden. Mehrere Autobahnen wurden teilweise gesperrt, weil Wasser und Matsch die Fahrbahnen überschwemmten.

Wegen Schäden an den Leitungen fiel in Sachsen-Anhalt in tausenden Häusern der Strom aus. Bereits am Sonntagnachmittag war bei Sankt Goar in Rheinland-Pfalz ein Zug entgleist, weil Schlamm und Steine die Schienen blockierten. 15 Menschen wurden dabei verletzt.

▶ Vorwissen in einem Cluster notieren
▶ Informationen entnehmen
▶ Texte verstehen: S. 154
▶ Fachwörter: S. 193–197
▶ Werkstatt-Heft Lesen: S. 24/25

Was du schon immer über Gewitter wissen wolltest

Eva Maria Hager

Eine Wolke entsteht, wenn viele kleine Wassertröpfchen zusammen am Himmel schweben.
Wenn viele kleine Wassertropfen in einer Wolke am Himmel zusammenstoßen und sich aneinander reiben, dann erzeugt das elektrischen Strom in der Wolke. In so einer Wolke entsteht viel elektrischer Strom, der als Funke dann von einer Wolke zur anderen springt. Das nennen wir Blitz.
Blitze schlagen oft in hohe Häuser oder Bäume ein, die sich auf feuchtem Grund befinden. Elektrischer Strom kann durch Feuchtigkeit viel besser geleitet werden, als nur durch Luft. Deshalb ist es auch sehr gefährlich, während eines Gewitters in einem See zu schwimmen oder mit dem Boot zu fahren.

Blitze sind sehr heiß und erhitzen die Luft rundherum. Diese erhitzte Luft rund um den Blitz dehnt sich aus und verdrängt ganz schnell die übrige kühle Luft.
Durch diese heftigen und raschen Bewegungen kühler und heißer Luft entsteht ein sehr lautes Geräusch, nämlich der Donner. Obwohl Blitz und Donner gleichzeitig entstehen, sehen wir den Blitz zuerst und hören dann den Donner. Das liegt daran, dass sich das Licht schneller durch die Luft bewegt als der Schall.

1 Arbeitet zu zweit oder dritt.
- Lest den Text.
- Klärt unbekannte Wörter.
- Stellt euch gegenseitig Fragen zum Text und beantwortet sie.

2 Recherchiert zu weiteren Wettererscheinungen wie **Hitzewelle**, **Tsunami**, **Orkan**, **Jahrhundertsommer**, **Kältewelle**, **Blitzeis**, …

Übungskiste

Eine Wetterkarte lesen

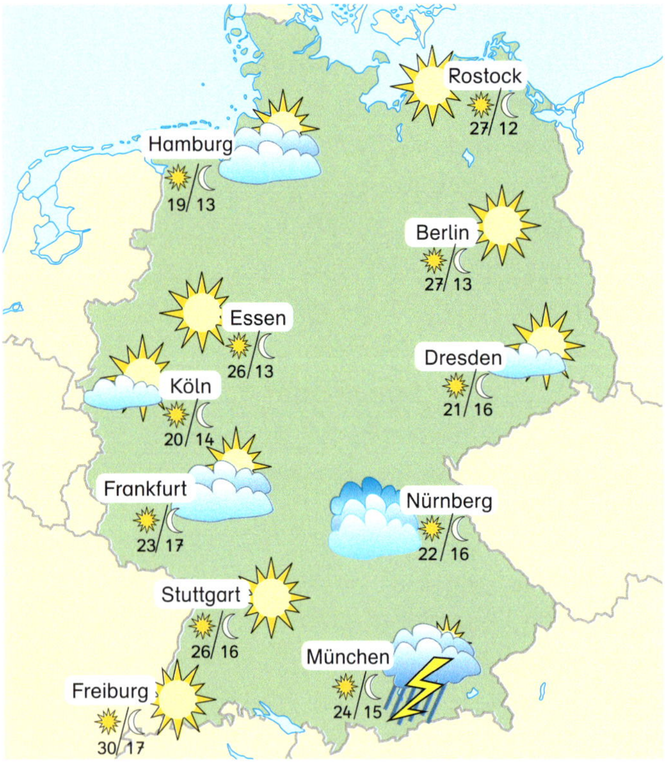

Klara: „In Hamburg kann man ins Freibad gehen. Das Wetter wird richtig gut.“

Karim: „In München kann Tante Claudia ihr Grillfest auf jeden Fall im Freien machen.“

Timo: „In Köln sollte man aber sicherheitshalber eine Sonnenbrille mitnehmen.“

Emre: „In Rostock lohnt es sich, einen langen Strandtag einzuplanen.“

Mia: „In Freiburg sollte man den Besuch im Tierpark besser verschieben. Es wird regnen.“

1 Wer sagt etwas, das nicht stimmt? Vergleiche mit der Wetterkarte.

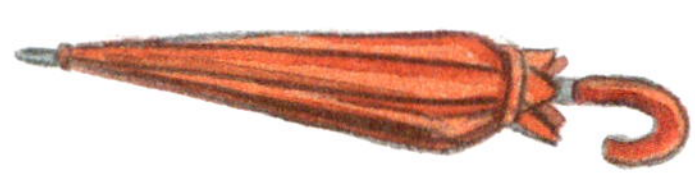

- Aussagen zu einem diskontinuierlichen Text überprüfen

▸ A wie Anfang: S. 14, 16

Ideenkiste

Wetterbilder gestalten

1 Welches Wetter kennt ihr? Schreibt für jedes Wetter ein Kärtchen.

Sonnenschein · Eis · Nebel · Regenbogen · Schnee · Hagel · Regen · Sturm · Gewitter · Wind

2 Wähle eine Karte aus. Gestalte dazu ein Bild.

3 Du kannst eine Collage kleben, mit Wasserfarben, Filzstiften, Wachsmalstiften malen oder ein Stempelbild herstellen.

4 Macht aus den Bildern ein Wetterplakat oder ein Wetterbuch.

- Eine schriftliche Anweisung verstehen und durchführen
- Ergebnisse präsentieren

▸ Das Jahr: S. 95, 113
▸ Gefühle: S. 130
▸ Lernen: S. 145 (Portfolio)

Essen und Trinken

Frühstück – hier und anderswo

Anke Kuhl / Alexandra Maxeiner

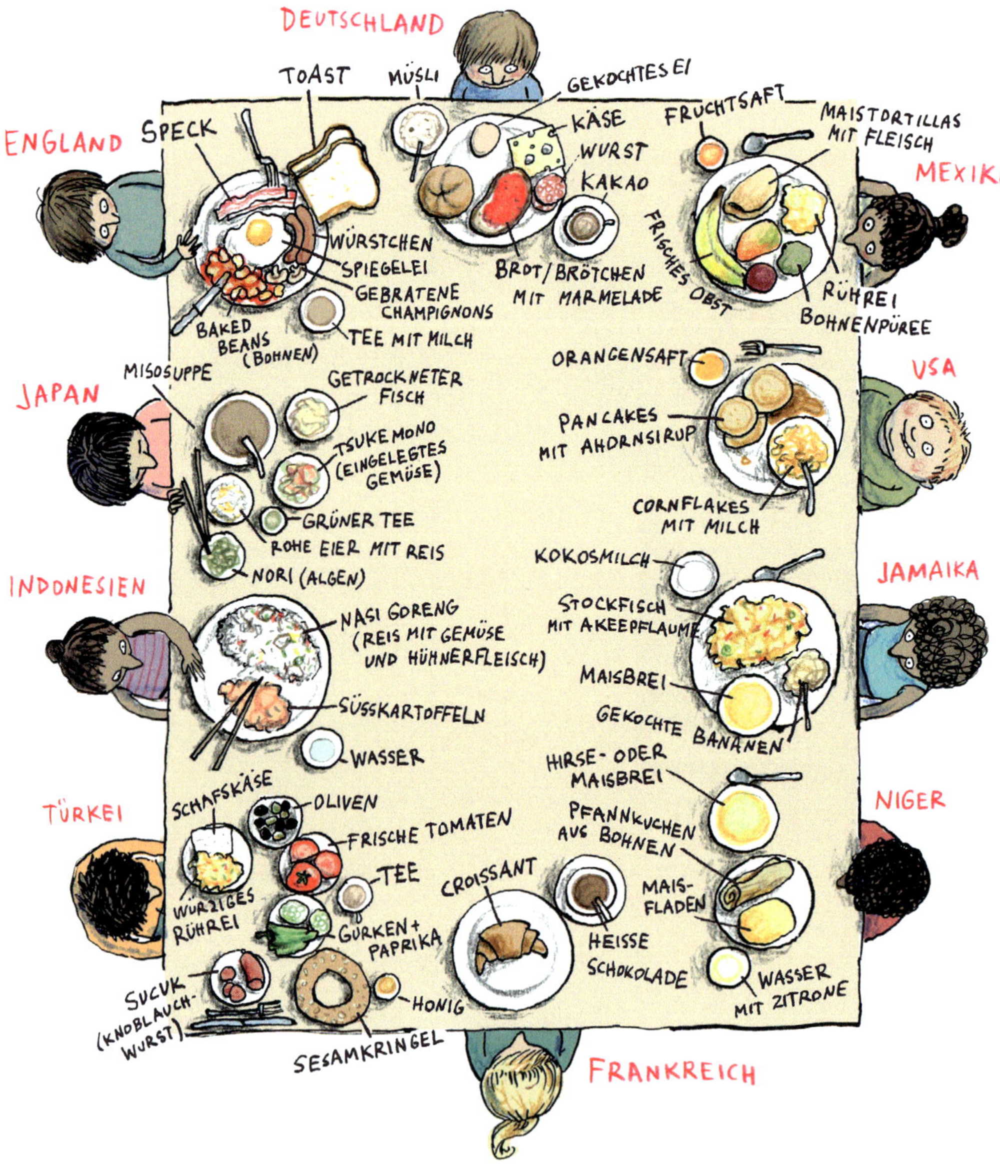

1 Welches Frühstück würdest du gern einmal probieren?

2 Was und wie frühstückst du? Male und schreibe.

Schmeckt

Jutta Richter

Haferflocken
Zucker
Wasser
und dazu Kakao

umgerührt
in einer Tasse
schmeckt wie
Gelb und Blau

schmeckt nach Trösten
schmeckt nach Streicheln
schmeckt nach Mamas Sachen
schmeckt nach einer letzten Träne
und dem ersten Lachen

1 Was schmeckt dir besonders gut?

2 Welches Getränk oder welche Speise gibt dir ein gutes Gefühl? Woran denkst du dabei?

- Gedanken formulieren
- Über Gefühle und Erfahrungen sprechen

▸ Gedichte: S. 178

▸ Hör-CD: Nr. 1/13

Knackige Ameisen

Sonja Romahn

In einigen Teilen Afrikas stehen Kinder manchmal schon in der Morgendämmerung auf. Sie fangen fliegende Ameisen, die frühmorgens aus ihren Erdspalten ans Licht kommen. Diese Ameisen essen die Kinder zum Frühstück.

„Das ist aber eklig!“, denkst du jetzt vielleicht. Aber du möchtest wahrscheinlich trotzdem wissen, wie die Ameisen so schmecken. Wenn du die afrikanischen Kinder das dann fragst, werden sie antworten: „Die Ameisen schmecken ein bisschen süß und ein bisschen sauer und knacken ganz toll zwischen den Zähnen! Was ist denn daran eklig?“

Den afrikanischen Kindern schmecken die Ameisen, und sie sind sogar gesund, weil sie ihren Körper mit wichtigen Nährstoffen versorgen. In den fliegenden Ameisen ist nämlich viel Eiweiß enthalten. Eiweiß ist einer der wichtigsten Baustoffe unseres Körpers.

Hier in Deutschland essen wir eigentlich keine fliegenden Ameisen. Genügend Eiweiß erhalten wir aus anderen Lebensmitteln, zum Beispiel aus Fisch, Nüssen oder Quark. Aber spannend wäre es schon mal, eine Ameise zu probieren, oder?

1 Welche Informationen findest du besonders interessant?

2 Fändest du es eklig, Ameisen zu essen oder nicht? Erkläre.

3 Recherchiere zu ungewöhnlichen Nahrungsmitteln bei uns oder in anderen Ländern.

- Informationen entnehmen
- Die eigene Meinung äußern und begründen

▶ Meerestiere: S. 69
▶ Lernen: S. 144

Bill Watterson

1 Arbeitet zu zweit. Jeder liest den Comic zunächst für sich.

2 Betrachtet nun jedes Bild einzeln.
Erzählt euch, was auf dem Bild passiert.

3 Was findest du an dem Comic lustig?
Erklärt es euch gegenseitig.

Mhmm oder igitt?

Ein Interview mit der Geschmacksforscherin Ines Heindl

Redaktion KinderZEIT

KinderZEIT: Stimmt es, dass die meisten Kinder keinen Spinat und keinen Rosenkohl mögen?

Ines Heindl: Das stimmt. Es gibt einige Gemüsesorten, die uns nach unserer Geburt erst mal fremd sind. Ich mochte als Kind zum Beispiel überhaupt keine Oliven. Andere Kinder verabscheuen Spinat, Spargel oder Rosenkohl – also Gemüse, das auch ein wenig bitter schmeckt.

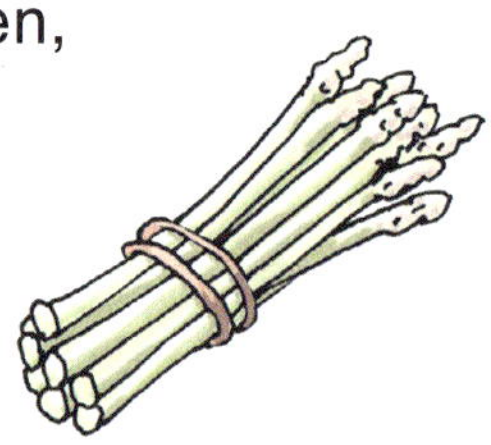

KinderZEIT: Woran liegt das?

Ines Heindl: Bitteres kann auf eine Gefahr hindeuten, zum Beispiel auf Gift. Der Geschmack ist eine Art Warnsignal: Achtung, Gefahr! Nicht essen! Das hat schon für die Menschen vor Jahrtausenden funktioniert, und deshalb ist uns das Bittere erst einmal fremd. Es gibt aber auch eine Geschmacksrichtung, die eigentlich alle Menschen von Geburt an mögen, und das ist süß. Warum, das lässt sich aus der Geschichte der Menschheit erklären: Süße Nahrung ist unseren Vorfahren oft gut bekommen.

KinderZEIT: Viele Kinder mögen Spinat oder Oliven nicht. Wenn sie älter werden, halten sie solche Speisen aber plötzlich für Delikatessen. Wieso verändert sich das?

Ines Heindl: Ich sage immer, dass wir Menschen das Essen lernen wie eine Sprache. Wir können ja auch nicht sprechen, wenn wir auf die Welt kommen. Aber wir lernen es nach und nach von unseren Eltern.

KinderZEIT: Könnten wir uns auch an den Geschmack von etwas Ekligem gewöhnen – von Insekten zum Beispiel?

Ines Heindl: Wer will, kann das. In unserer Kultur ist es nur nicht üblich, sie zu essen. Wir lernen ihren Geschmack also nicht kennen. In manchen asiatischen Ländern dagegen sind Insekten oft eine Belohnung, ein Luxus.

KinderZEIT: So wie bei uns Süßigkeiten?

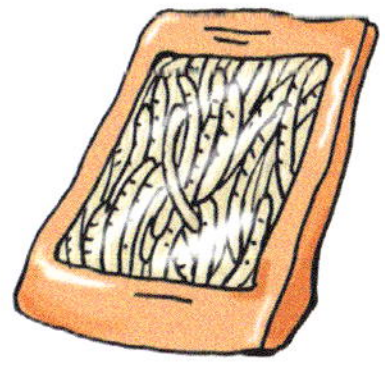

Ines Heindl: Genau. Eine Mitarbeiterin hat mir gerade ein Paket aus Indien geschickt. Darin waren geröstete Würmer, ein Lolli mit einem Skorpion drin und grüne, mit Ameisen gefüllte Kekse.

KinderZEIT: Das ist ja gruselig!

Ines Heindl: Ja, wir ekeln uns davor. Aber die Menschen, für die das Leckereien sind, finden dafür vielleicht unseren Schimmelkäse ziemlich eklig …

1 Arbeitet zu zweit.

a) Welche Gemüsesorten werden im Text genannt? Was wird über diese Gemüsesorten gesagt?

b) Schreibt die Gemüsesorten aus dem Text untereinander auf. Ergänzt noch weiteres Gemüse.

c) Macht eine Umfrage an eurer Schule: Welches Gemüse mögen die meisten Kinder? Welches Gemüse mögen die wenigsten?

Spinat	III
Rosenkohl	II
…	

d) Stellt die Ergebnisse eurer Umfrage in der Klasse aus.

- Informationen entnehmen
- Eine Umfrage machen
- Ergebnisse präsentieren

- Bücher: S. 93
- Gefühle: S. 136
- Texte verstehen: S. 152

- Hör-CD: Nr. 1/14
- Werkstatt-Heft Lesen: S. 14/15

Interessantes rund ums Essen

Sonja Romahn

Die Nase weiß, wie es schmeckt!

Hast du schon einmal bemerkt, dass du fast nichts schmecken kannst, wenn deine Nase verstopft ist oder du sie dir zuhältst?
Unsere Zunge kann nämlich nur die grobe Geschmacksrichtung bestimmen. Sie erkennt, ob das, was wir essen, zum Beispiel süß oder salzig schmeckt. Das gibt sie an unser Gehirn weiter.
Diese Informationen reichen dem Gehirn aber nicht aus. Es benötigt viel genauere Informationen, um uns zu sagen, was wir schmecken. Dazu brauchen wir die Nase. Mit ihr können wir bis zu 10 000 unterschiedliche Gerüche riechen. Erst dadurch, dass wir riechen, was wir essen, können wir es auch schmecken.
Auch das, was wir sehen, hilft uns beim Schmecken. Wissenschaftler fanden heraus, dass die Nase beim Schmecken ungefähr viermal wichtiger ist als unsere Zunge und unsere Augen zusammen.

So schmecken wir, was wir essen

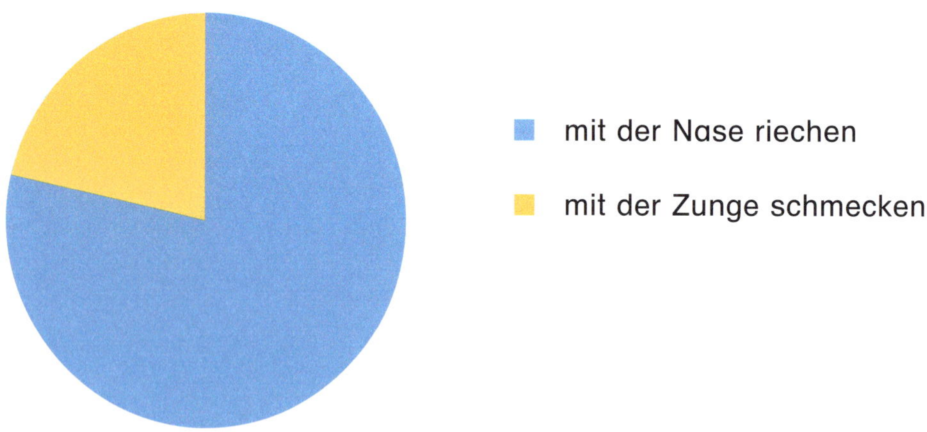

Bakterien pupsen die Löcher in den Käse!

Käse wird aus Milch gemacht. In der Milch sind Bakterien und Enzyme. (Wenn es nicht genügend sind, werden noch weitere Bakterien hinzugegeben.) Diese kleinen Lebewesen sind wichtig, damit die Milch gären kann und sich das Feste vom Wasser trennt. Während der Käse dann in der Rinde reift, stoßen die Bakterien Gase aus – sie pupsen.
Weil dieses Gas nicht aus der Rinde hinaus kann, bilden sich Blasen.
Das sind dann die Löcher im Käse.

Hunger kommt nicht nur von einem leeren Magen!

Schon das Klappern von Töpfen oder Besteck oder der Geruch nach deinem Lieblingsessen können ein Gefühl von Hunger auslösen. Für deinen Körper sind das Signale, die ihm sagen, dass bald Nahrung aufgenommen wird.
Er reagiert darauf und du hast plötzlich richtig Appetit auf dein Lieblingsessen oder etwas anderes Leckeres.
Dann bekommst du Hunger.

Wenn du hungrig bist und dann etwas isst, schmeckt es dir viel besser, als wenn du es ohne großen Hunger isst.
Das liegt daran, dass du bei Hunger viel mehr Lust auf das Essen hast.
Außerdem kannst du alles viel genauer und intensiver schmecken.

1 Arbeitet zu dritt.
Jedes Kind liest einen Text ganz genau.
Erzählt euch gegenseitig, was ihr erfahren habt.

- Informationen entnehmen und wiedergeben
- Ein Diagramm verstehen

▸ Texte verstehen: S. 152

Gebratene Steine

Otfried Preußler

Der kleine Wassermann lebte mit seinen Eltern in einem Haus am Grund des Mühlenweihers. Unter Wasser erlebte er jeden Tag neue Abenteuer. Aber auch die geheimnisvolle Welt über Wasser wollte er erkunden und schlich sich immer wieder heimlich an Land …

Am Rand der Wiese saßen drei Menschenjungen, die hatten ein Feuerchen angemacht und warfen von Zeit zu Zeit faustgroße gelbe Kieselsteine hinein. Nach einer Weile holten sie dann die Steine mit ihren Stecken wieder heraus, schabten die Asche herunter und aßen die Steine auf.

Darüber wunderte sich der kleine Wassermann sehr. Er wusste ja schon, dass die Menschen allerhand seltsame Gewohnheiten hatten, aber dass sie gebratene Steine verzehrten, das war ihm neu!

Kurz entschlossen verließ er das Schilf, überquerte die Wiese und fragte die Buben am Feuer: „Lasst ihr mich mal davon kosten? Ich habe nämlich mein Lebtag noch keine gebratenen Steine gegessen."

„Wir auch nicht", gaben die Buben zur Antwort.

„Aber ich habe doch selber gesehen, dass ihr welche gegessen habt!", sagte der kleine Wassermann eigensinnig. „Es sind wohl besondere Steine, die ihr da bratet?"

Da verstanden die Menschenjungen erst, was er meinte. Und sie mussten so schrecklich darüber lachen, dass sich die Kühe verwundert nach ihnen umschauten.

„Was?", rief der eine Junge. „Gebratene Steine?"

„Das sind doch Erdäpfel!", riefen die beiden anderen.

„Kennst du denn keine Erdäpfel?"

„Nein, woher soll ich die kennen", sagte der kleine Wassermann.

„Erdäpfel heißen die Dinger?"

„Na hör mal, du machst wohl einen Narren aus uns? Wer bist du denn eigentlich?"

„Ich? Na, ich bin doch der kleine Wassermann, seht ihr das denn nicht?"

„Ja, so was, da bist du ein Wassermann!“, riefen die Jungen. „Das hättest du aber sagen müssen! Dann kannst du freilich nicht wissen, was Erdäpfel sind. Komm, wir geben dir welche zu kosten!“

Der eine Junge scharrte mit seinem Stecken auch gleich ein paar Kartoffeln aus der heißen Asche, der andere kratzte die schwarze Kruste herunter, der dritte reichte dem kleinen Wassermann eine Tüte mit Salz.
„Das musst du dir draufstreuen“, sagte er freundlich.

Der kleine Wassermann wusste nicht recht, ob er zubeißen sollte. Er schnupperte erst noch ein Weilchen an seiner Kartoffel herum. Aber weil sie gar so verlockend duftete, dachte er: Wenn das den Menschenjungen nichts schadet, wird es auch mich nicht gleich umbringen. Also, versuchen wir's ...
Vorsichtig biss er hinein.
„Na, und wie schmeckt es denn?“, wollten die Jungen nun wissen.
„Nach mehr!“, rief der kleine Wassermann schmatzend.
„Wer hätte gedacht, dass gebratene Steine so gut sind!“

1 Was essen die Kinder am Feuer? Warum denkt der kleine Wassermann, dass es gebratene Steine sind?

2 Übe diesen Text für einen Lesevortrag.

3 Trage den Text vor. Lass dir von deinen Zuhörern eine Rückmeldung geben.

Übungskiste

Witze in die richtige Reihenfolge bringen

Tom: „Na, und?“

Jan: „Als ich aufwachte, war mein Kopfkissen verschwunden!

Jan: „Heute Nacht habe ich geträumt, ich würde einen riesigen Champignon essen!“

Arzt: „Sie dürfen nur die Pilze essen, die Sie auch kennen!“

Herr Müller wird zum zweiten Mal mit einer Pilzvergiftung ins Krankenhaus gebracht.

Herr Müller: „Aber ich kenne doch nur Fliegenpilze!“

„Nicht mehr nötig, die Schnecke im Salat hast du ja schon mitgegessen!“

„Während des Essens spricht man nicht!“, antwortet der Vater.

„Du, Papa ...“, sagt der Sohn beim Mittagessen.

Nach dem Essen sagt der Vater: „So, jetzt kannst du es mir sagen!“

1 Bringe jeden Witz in die richtige Reihenfolge. Erkläre, woran du die richtige Reihenfolge erkennst.

2 Welcher Witz gefällt dir am besten? Übe und erzähle ihn.

- Textabschnitte ordnen
- Erklären
- Einen Text vortragen

▸ A wie Anfang: S. 11, 17
▸ Lernen: S. 146/147, 148
▸ Werkstatt-Heft Lesen: S. 6

Ideenkiste

Apfelgebisse

Diese Apfelgebisse sehen nicht nur toll aus, sie schmecken auch so! Genau das Richtige für eine Gruselparty, die nächste Klassenfeier – oder deine Brotdose! Aber sei vorsichtig, wenn du deine Finger nach ihnen ausstreckst!

Du brauchst:

- grüne oder rote Äpfel
- zwei frische Zitronen
- Mandelstifte

So geht's:

1. Wasche die Äpfel.

2. Schneide jeden Apfel in vier gleiche Teile. Entferne das Kerngehäuse.

3. Schneide einen Keil in jedes Apfelstück.

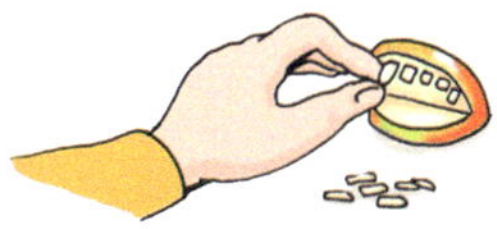

4. Stecke die Mandelstifte als Zähne in den Apfelmund.
5. Beträufele die Äpfel mit etwas Zitronensaft. Dadurch werden sie nicht so schnell braun.

Tipp

Wenn du die Mandelstifte in der Pfanne leicht anröstest, werden sie braun. Das sieht dann richtig gruselig aus!

▸ A wie Anfang: S. 11
▸ Texte verstehen: S. 153

Meerestiere

Haie

Hai-Angriff vor laufender Kamera!
Australischer Surfer wehrt Attacke ab

Urlauber müssen Quallen mehr fürchten als Hai-Attacken

14-Jährige wehrt Hai-Angriff mit Surfboard ab

Großmutter schlägt Hai in die Flucht

Australier rettet Schnorchlerin vor Hai-Angriff

1 Was sagen das Bild und die Schlagzeilen aus?

2 Was wisst ihr über Haie? Berichtet.

- Informationen entnehmen
- Vorwissen aktivieren
- Sich austauschen

Haie – Fragen und Antworten

Alina Lasko

Greifen Haie Menschen an?
Wie die meisten Raubtiere sind auch Haie normalerweise sehr vorsichtig und zurückhaltend. Wenn sie etwas nicht kennen, bleiben sie eher auf Abstand. Trotzdem passiert es manchmal, dass Haie Menschen angreifen und verletzen. Warum sie das tun, ist auch Forschern noch nicht ganz klar. Hai-Angriffe sind selten, dabei kommen etwa zehn Menschen im Jahr ums Leben. Unfälle mit Kühen gibt es dagegen etwa 10 000 pro Jahr.

Fressen Haie Menschen?
Haie fressen Fische, Robben und andere Tiere, die im Meer leben. Menschen gehören nicht in ihr Beuteschema – weil wir Menschen ja nicht im Meer leben.

Warum passieren immer wieder Unfälle mit Haien?
Wahrscheinlich passieren viele Unfälle mit Haien, weil Menschen ihnen bei der Nahrungssuche in die Quere kommen: zum Beispiel, wenn Sportler im Meer in der Nähe einer Flussmündung schnorcheln oder surfen. An diesen Stellen tummeln sich viele Fische, und das lockt Haie an. Auch Harpunenfischer, die gefangene Fische an ihrem Gürtel sammeln und weiter durchs Meer tauchen, werden immer mal wieder von Haien verletzt.

Warum sind Surfer besonders gefährdet?
Oft hört man, dass Haie Surfer angreifen, weil sie den Umriss des Surfbretts mit einer Robbe verwechseln. Manche Haiexperten sagen aber, dass das Surfbrett Haie anzieht, weil sein Platschen auf der Wasseroberfläche Geräusche macht wie ein kranker, zappelnder Fisch.

1 Wann greifen Haie an?

2 Überlegt, warum Haie als gefährlich gelten.

▸ Texte verstehen: S. 152

Die Olchis und der karierte Tigerhai

Erhard Dietl

Die Olchis waren zusammen mit dem berühmten Tierforscher Gustav Grünspecht auf der Suche nach dem karierten Tigerhai.

Mit einem Mal tauchte wieder ein Hai vor ihnen auf.
Es war ein mächtiger Tigerhai und er schwamm direkt auf sie zu.
Die Olchi-Kinder konnten diesmal deutlich seine kleinen Augen und das Maul mit den scharfen Zähnen sehen.

„Schaut ihn euch an! Was für ein Gebiss!“, schwärmte Grünspecht.
„Er hat genauso schöne Zähne wie wir“, stellte das eine Olchi-Kind fest.
„Mit diesen Zähnen knacken Tigerhaie sogar die Panzer von Riesenschildkröten“, erklärte Grünspecht.
Der Hai umkreiste jetzt neugierig das U-Boot.
„Was frisst so ein Tigerhai denn sonst noch gerne?“, fragte das andere Olchi-Kind.
„Sie kommen manchmal bis an die Wasseroberfläche“, sagte Grünspecht. „Dann fressen sie auch Robben, Seelöwen, Seevögel und eben Schildkröten. Sie mögen auch gern die Abfälle von Schiffen.“
„Abfälle! Das ist ja krötig!“, riefen die Olchi-Kinder begeistert.
Der Hai gefiel ihnen immer besser.
Jetzt strich er ganz nah am Fenster entlang.
Sie konnten sogar seine hohe Rückenflosse und seine glatte, glänzende Haut sehen.
Grünspecht nahm den Zoom seiner Kamera zu Hilfe und traute seinen Augen kaum:
War da nicht ein blau-graues Karomuster auf der Haut?

„Es ist unglaublich!“, rief Grünspecht.
„Das ist der karierte Tigerhai!“

Aufgeregt und ein wenig zitternd knipste er schnell ein paar Fotos.
„Mann, was für ein Riesenvieh!“, murmelte er.

Der Hai war jetzt am rechten Seitenfenster. Er klappte sein Maul weit auf und Grünspecht gelang ein tolles Foto von dem gewaltigen Gebiss.

„Seht euch diesen breiten, wuchtigen Kopf an!“, flüsterte er begeistert. „Das ist typisch für einen Tigerhai.“

„Wir wollen aussteigen und ihn streicheln!“, riefen die Olchi-Kinder. „Na, das lasst ihr mal schön bleiben“, sagte Grünspecht und lachte. Da tauchte der Hai plötzlich unter dem U-Boot weg und schwamm schnell davon.

1 Was erfährst du über den karierten Tigerhai? Beschreibe ihn. Was frisst er?

2 Gefällt der Hai den Olchi-Kindern? Begründe.

3 Gibt es den karierten Tigerhai wirklich? Recherchiere.

Haiarten

Angelika Föhl

Weltweit gibt es etwa 500 verschiedene Hai-Arten: vom nur 20 Zentimeter langen Zwerg-Laternenhai bis zum Walhai mit 12 Metern. Haie gehören zu den ältesten Tierarten. Sie schwimmen seit 400 Millionen Jahren durch die Meere der Welt. Typisch für Haie sind die dreieckigen Flossen und ihre torpedoähnliche Körperform, die sie zu perfekten Schwimmern machen.

Name		Länge	Gewicht	Tauchtiefe
Walhai		bis 12 m	bis 12000 kg	1000 m
Weißer Hai		bis 7,5 m	bis 2000 kg	900 m
Großer Hammerhai		bis 6 m	bis 400 kg	100 m
Tigerhai		bis 5,5 m	bis 600 kg	350 m
Blauhai		bis 3,5 m	bis 200 kg	350 m
Dunkler Katzenhai		bis 1,5 m	bis 1,5 kg	150 m
Zwerg-Laternenhai		bis 20 cm	bis 150 g	370 m

1 Was erfährst du über Haie?

2 Stellt euch zu Text und Tabelle gegenseitig Fragen.

- Informationen aus Text und Tabelle entnehmen
- Fragen formulieren

▸ Texte verstehen: S. 155, 158

▸ Werkstatt-Heft Lesen: S. 16/17, 28/29

Seegedicht mit einer Lüge

Heinz Brand

Unterm blauen Meeresspiegel,
wo die Elefanten wohnen,
gibt's auch Löwen, Hunde, Igel
und die schönsten Anemonen.
Gurken schweben durch die Wogen,
Schlangen schlängeln hin und her,
und es stechen ungelogen
tausend Nadeln in das Meer.
Sogar Kühe oder Pferde
weiden unten auf den Wiesen,
wo auf nasser Meereserde
tausend grüne Gräser sprießen.
Wie am Himmel so viel Sterne
liegen auf dem Grund im Meer,
und sie leuchten in der Ferne –
Das zu glauben fällt nicht schwer.

1 Welche Meerestiere kommen in dem Gedicht vor?
Was weißt du über diese Tiere?

2 Welche Lüge meint die Überschrift?

3 See-Anemonen sind besondere Lebewesen.
Finde heraus, warum.

- Informationen entnehmen
- Vorwissen aktivieren
- Recherchieren

▸ Wetter: S. 45
▸ Texte verstehen: S. 155
▸ Gedichte: S. 176

Tierische Rekorde im Wasser

Angelika Föhl

Wissenschaftler entwickeln immer neue Methoden, um die Natur zu erforschen. Dabei sammeln sie ständig neue Erkenntnisse. Die folgenden Rekorde zeigen den Forschungsstand des Jahres 2015.

Das älteste Meerestier

Das älteste bekannte Meerestier ist ein Riesenschwamm im Südpolarmeer. Das gut zwei Meter große Exemplar wird auf ein Alter von rund 10 000 Jahren geschätzt.

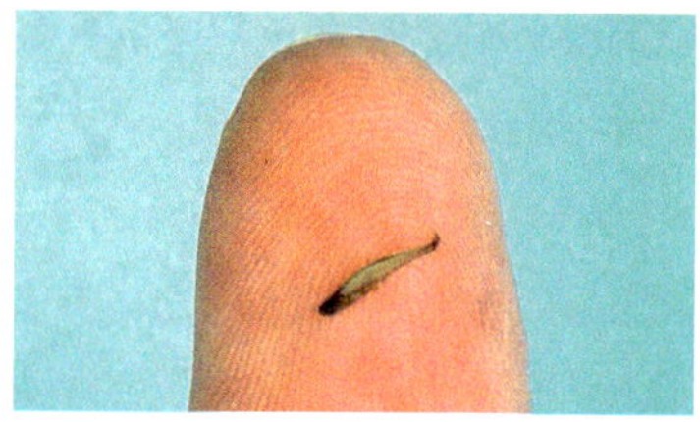

Der kleinste Fisch

Der kleinste Fisch der Welt ist der Paedocypris progenetica. Er stammt aus der Familie der Karpfen und ist mit 8 Millimetern winzig klein.

Der lauteste Sänger

Der Buckelwal gehört zu den lautesten Sängern des gesamten Tierreichs. Das Lied eines Buckelwals kann bis zu 20 Minuten dauern. Es sollen aber auch schon Wallieder gehört worden sein, die bis zu 45 Minuten dauerten. Die Gesänge der Buckelwale sind bis zu 150 km weit zu hören.

Der schnellste Fisch

Der schnellste Fisch im Meer ist der Fächerfisch. Er kann bis zu 110 Stundenkilometer schnell schwimmen. Die schnellsten Schwimmer unter den Menschen schaffen etwa 6,5 km pro Stunde – kein Vergleich zum Fächerfisch.

Das giftigste Meerestier

Das giftigste Meerestier ist eine Qualle mit dem irreführenden Namen Seewespe. Die Seewespe besitzt rund 60 Tentakel und 5000 Nesselzellen, die bei Kontakt aufplatzen und ihr Gift verschießen. Leider treiben sie sehr gerne in flachen Küstengewässern knapp unter der Oberfläche. Viele Menschen haben bei dem Kontakt mit Seewespen bereits schwerste Verletzungen erlitten. Zum Glück bekommt ein Mensch nie die komplette Giftmenge ab. Diese könnte rein theoretisch bis zu 250 Menschen töten.

Der beste Riecher

Das beste Riechorgan hat der Aal. Sein Geruchssinn ist viel besser als der des Menschen. Stell dir vor, man vermischt einen Tropfen Blut mit der Wassermenge des Bodensees. Der Aal würde den Geruch des Blutes immer noch wahrnehmen.

Der lauteste Meeresbewohner

Der lauteste Meeresbewohner ist der Pistolenkrebs. Er erzeugt mit seiner Schere eine Blase, die mit einem Knall von 150 bis 200 Dezibel implodiert. Das heißt, er kann von der Lautstärke her mit einem startenden Düsenjet mithalten.

1 Finde weitere Rekorde von Tieren, die im Wasser leben.

- Informationen entnehmen
- Recherchieren

▸ Lernen: S. 144
▸ Texte verstehen: S. 152, 155
▸ Werkstatt-Heft Lesen: S. 16/17

Unsere Meere versinken im Müll

Alina Lasko

Im Frühjahr 2012 starb ein Pottwal an der spanischen Küste. In seinem Bauch fand man 17 Kilo Plastik. Auch viele Seevögel sterben qualvoll beispielsweise an Handyteilen in ihrem Magen, Schildkröten halten Plastiktüten für Quallen, und Fische verwechseln winzige Plastikteilchen mit Plankton und fressen diese. So gelangt das Plastik über die Fische auch in die menschliche Nahrungskette.

Forscher schätzen, dass sich mehr als 100 Millionen Tonnen Plastik in den Weltmeeren angesammelt haben. Im Nordpazifik treibt seit Jahrzehnten ein Müllteppich, der mittlerweile so groß ist wie Europa. Strände unbewohnter Inseln versinken geradezu im Müll. Auch direkt vor unserer Haustüre in der Nordsee sind Plastikabfälle eine große Gefahr für Fische, Vögel und Meeressäuger.

Der Plastikmüll landet auf unterschiedliche Weise im Meer: An Stränden lassen Touristen Müll liegen oder werfen ihren Abfall einfach ins Wasser. Auch die Besatzungen von Schiffen entsorgen ihren Müll oft im Meer, obwohl dies weltweit verboten ist. Bei Stürmen verlieren Schiffe immer wieder Ladung, die dann im Meer treibt.

Zur Vermüllung der Meere trägt ebenso die Fischerei bei. Netze und andere Geräte werden bewusst im Meer entsorgt oder gehen verloren.

Viele Kosmetikprodukte wie Zahncreme oder Duschgel enthalten winzig kleine Plastik-Kügelchen, um die Reinigungswirkung zu verstärken. Über unser Abwasser gelangen diese feinen Teilchen ungeklärt ins Meer.

Auch stammen viele kleine Plastikteilchen aus unseren Waschmaschinen. Fleecepullis und andere Kleidungsstücke aus Kunstfasern verlieren bei jedem Waschen etwa 2000 winzige Fasern. Diese sind so klein, dass sie weder im Sieb der Waschmaschine noch in den Kläranlagen hängen bleiben, sondern ungehindert ins Meer gelangen.

So lange dauert der Abbau von Müll im Meer

1 Warum ist der Müll im Meer für die Meerestiere gefährlich?

2 Wie kommt der Müll ins Meer?

3 Betrachtet das Schaubild genau. Wie lange dauert es, bis Müll abgebaut wird? Legt eine Tabelle an.

Gegenstand	Dauer des Abbaus
Pappkarton	...
...	

- Informationen entnehmen
- Mit diskontinuierlichen Texten (Grafik, Tabelle) umgehen

▶ Texte verstehen: S. 152

▶ Hör-CD: Nr. 1/17

Übungskiste

Bilder und Texte zuordnen

1

2

3

4

A Der Narwal besitzt keine Rückenflosse. Den männlichen Narwal erkennt man an seinem Stoßzahn, der bis zu drei Meter lang werden kann.

B Der Schwertwal wird auch Orka genannt. Er hat eine schwarz-weiße Färbung. Der Bauch ist weiß, während der Rücken schwarz ist. Hinter den Augen hat der Orka jeweils einen weißen Fleck.

C Furchenwale besitzen sogenannte Kehlfalten. Diese verlaufen von der Kehle bis zum Bauch und vergrößern das Maul bei der Nahrungsaufnahme.

D Für den Irawadi-Delfin sind die wulstige Stirn und die auffallend kurze Schnauze charakteristisch. Typisch ist auch seine sehr kleine Rückenflosse.

1 Lies die Texte und schau dir die Bilder an.
Welcher Text gehört zu welchem Bild?

2 Erkläre einem Partner, woran du das erkannt hast.

- Informationen entnehmen
- Bilder und Texte zuordnen
- Erklären

▸ A wie Anfang: S. 13
▸ Detektive: S. 117
▸ Werkstatt-Heft Lesen: S. 7, 48/49, 60

Ideenkiste

Einen Vortrag halten

- Einen Vortrag vorbereiten und halten
- Zusammenarbeiten

▶ Wetter: S. 43
▶ Essen: S. 48
▶ Lernen: S. 144, 148

Alles verändert sich

Damals – heute

1 Arbeitet zu viert nach der Ich-du-wir-Methode.
Wie war es damals? Wie ist es heute?

2 Befrage deine Eltern über ihre Kindheit, und berichte davon.

▸ Informationen entnehmen und mit eigenen Erfahrungen vergleichen

▸ Lernen: S. 142

Zeitreise

Nadine Pistor

Henri verbringt das Wochenende bei seiner Oma.

Es regnet, und Henri langweilt sich schrecklich.

„Was hat Papa eigentlich den ganzen Tag gemacht, als er so alt war wie ich?“, will Henri wissen.

„An so einem Regentag wie heute hätte er in seinem Zimmer gespielt!“, antwortet Oma.

„Womit denn?“, will Henri wissen.

„Mit einem Tablet, einem Smartphone, am Computer oder etwa mit einer eigenen Spielekonsole?“

Oma lacht. „Lass uns doch Zeitreise spielen!“, schlägt sie vor. „Wir tun einfach so, als wärst du Papa und würdest einen Regentag in der Wohnung verbringen. Du darfst dir aussuchen, was du machen möchtest! Gib mir nur noch ein bisschen Zeit! Ich muss noch etwas vorbereiten.“

„Wahnsinn!“, denkt Henri, „Ich darf bestimmen! Dann werde ich den ganzen Tag fernsehen, CDs hören und mit dem Tablet spielen. Keine Zeitlimits, keine Regeln – genial!“

Er wartet einige Zeit in Omas Küche und hört Oma in Papas altem Zimmer, in dem er jetzt immer schläft, herumräumen. Was tut sie da nur? Endlich ist Oma fertig.

Aber was ist das? Der kleine Fernseher und der CD-Player sind weg, sein Handy liegt nicht mehr neben dem Bett, und das Tablet, das Mama ihm geliehen hat, ist auch nicht da. Nur die Kisten mit Papas altem Spielzeug stehen noch im Schrank.

„Ich dachte, wir spielen Zeitreise, und ich darf machen, was ich will!“, ärgert sich Henri.

„Darfst du auch!“, antwortet Oma. „Aber du wolltest doch wissen, was dein Papa den ganzen Tag gemacht hat, als er so alt war wie du, oder!?“

„Schon“, sagt Henri, „aber so hatte ich mir das nicht vorgestellt ...“

1 Wie haben deine Eltern als Kinder einen Regentag verbracht? Berichte.

- Informationen entnehmen
- Erfahrungen vergleichen
- Ergebnisse präsentieren

▸ A wie Anfang: S. 9, 10
▸ Lernen: S. 144
▸ Texte verstehen: S. 156
▸ Hör-CD: Nr. 1/18
▸ Werkstatt-Heft Lesen: S. 26/27

Telefon und Handy

Manfred Mai

Wenn sich die Familie Berger bei Oma und Opa zu Kaffee und Kuchen trifft, wird immer viel von früher erzählt. Omas ältere Schwester Dagmar ist heute auch dabei. Papa hat gerade von einem Erlebnis aus seiner Kindheit erzählt. Eine Bande Jungen hatte ihn damals im Wald an einen Baum gefesselt und allein gelassen.

„Als ich im Wald gefesselt war, wäre ich sehr froh gewesen, wenn ich ein Handy gehabt hätte. Aber das hat es damals noch nicht gegeben."
„Heute ist das unvorstellbar. Aber wir hatten ja lange nicht mal ein Telefon", sagt Tante Dagmar. „Ich glaube, ich war schon zehn Jahre alt, als ein Anschluss ins Haus kam."
„Ja, aber wie habt ihr denn früher telefoniert?", wundert sich Lena.

„Entweder bei unserem Nachbarn, der schon ein Telefon hatte, oder in der Telefonzelle neben dem Rathaus", antwortet Tante Dagmar.
„Oder auf der Post", fügt Oma Hildegard noch hinzu.
Alexander und Lena haben schon gehört, dass es früher nicht in jedem Haus ein Telefon gab. Aber dass man zum Telefonieren auf die Post oder zum Rathaus musste, können sie sich nicht so richtig vorstellen.
„Das war ja furchtbar umständlich", sagt Alexander.
„Deswegen haben wir auch nur telefoniert, wenn es wirklich dringlich war", sagt Papa.

„Ich war schon um die vierzig, als ich zum ersten Mal telefoniert habe“, sagt Oma Hildegard. „Und ich weiß noch, wie aufgeregt ich war.“

„Warum denn?“, fragt Alexander.

„Weil ich Angst hatte, dass ich etwas falsch mache.“

„Aber Oma“, sagt Lena, „telefonieren ist doch babyleicht.“

„Für euch schon, ihr seid ja damit aufgewachsen“, erwidert Oma Hildegard. „Für mich war es damals neu und fremd. Ich musste mich erst daran gewöhnen, in einen Hörer zu sprechen, ohne meinen Gesprächspartner zu sehen.“

1 Was erfährst du über das Telefonieren in früherer Zeit?

....

Die Entwicklung des Handys von 1973 bis heute

Das erste Handy aus dem Jahr 1973 war etwa so groß und so schwer wie eine Milchtüte und kostete mehrere tausend Dollar. Wegen seiner Form wurde es auch „Knochen“ genannt. Moderne Handys heißen Smartphones. Das sind nicht nur mobile Telefone, sondern kleine Computer mit sehr vielen Funktionen.

▸ Informationen entnehmen und mit eigenen Erfahrungen vergleichen ▸ Texte verstehen: S. 154 ▸ Hör-CD: Nr. 1/19

Erfindungen verändern unseren Alltag

1914
Deutschland

Klettverschluss
1951
Schweiz

1964
Italien

Donald Duck
1934
USA

Hula-Hoop
1958
USA

1920 1930 1940 1950 1960

1915 1925 1935 1945 1955

Eis am Stiel
1923
USA

1958
Dänemark

Jumbo Jet
1969
USA

Currywurst
1949
Berlin

Skateboard
1959
USA

Handy
1973
USA

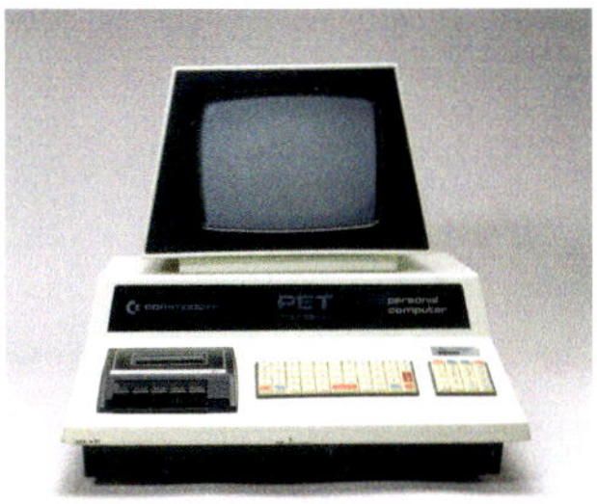

PC
1977
USA

:-) ;-)
:-(

Emoticons
1982
USA

Gameboy
1989
Japan

Smartphone
1994
USA

1970 1980 1990 2000 2010

1975 1985 1995 2005 2015

1974
Deutschland

Haftnotizen
1980
USA

Laptop
1982
England

Internet weltweit
1991

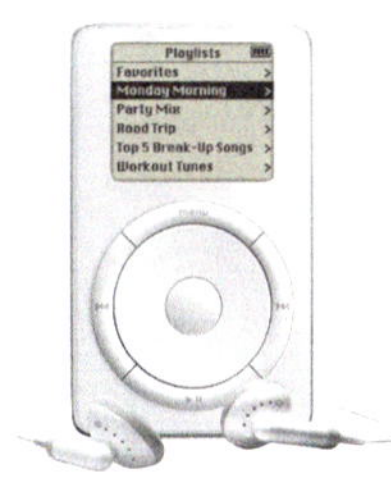

iPod
2001
USA

1 Recherchiere zu einer Erfindung, die dich interessiert.
Stelle deine Ergebnisse vor.

- Einer Zeitleiste Informationen entnehmen
- Recherchieren

- Meerestiere: S. 69
- Lernen: S. 144
- Fachwörter: S. 193–197

Von Zeit zu Zeit

Ursula Schwarz

Die **Zeit** vergeht.

Ich habe alle **Zeit** der Welt.

Die **Zeit** wird mir lang.

Ach, du liebe **Zeit**!

Danke, dass du dir die **Zeit** nimmst.

Die **Zeit** verfliegt im Nu.

Das wurde aber auch **Zeit**!

Das hat bis morgen **Zeit**.

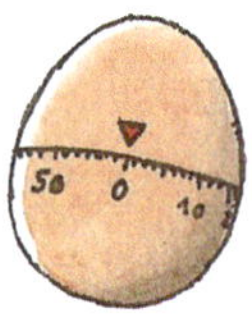

Das braucht **Zeit**.

Es wird langsam **Zeit**.

Es ist höchste **Zeit**!

Ich habe keine **Zeit**.

Lass dir **Zeit**.

1 Arbeitet zu zweit.
Wann sagt man welchen Satz?
Denkt euch zu den Zeit-Aussagen passende Situationen aus.

2 Spielt eine Situation vor.

- Zusammenarbeiten
- Vorstellungen entwickeln
- Szenisch spielen

- Gefühle: S. 130
- Darstellendes Spiel: S. 185

Was, wenn?

Brigitte Schär

Wenn ich einmal nicht mehr
in dieser Stadt wohne,
wo wird es dann sein?
In was für Wohnungen
von was für Leuten
werde ich dann wohl
von meinem Fenster aus sehen?
Was für Menschen werden mich
auf der Straße begrüßen
und mich fragen,
wie es mir geht?

Wenn ich einmal nicht mehr
zur Schule gehe,
wohin gehe ich dann jeden Tag?
Werde ich eine Arbeit haben,
die ich gerne tue oder
fürchte ich mich vor jedem Tag?

Wenn ich meine Eltern einmal
nicht mehr so brauche wie jetzt,
weil auch ich erwachsen geworden bin,
was brauche ich dann?

Wenn einmal alles nicht mehr
so ist, wie es jetzt ist,
wer bin ich dann?

- Ein Gedicht lesen und darüber nachdenken
- Vorstellungen entwickeln

▸ Ich – du – wir: S. 18, 19

▸ Hör-CD: Nr. 1/20

Übungskiste

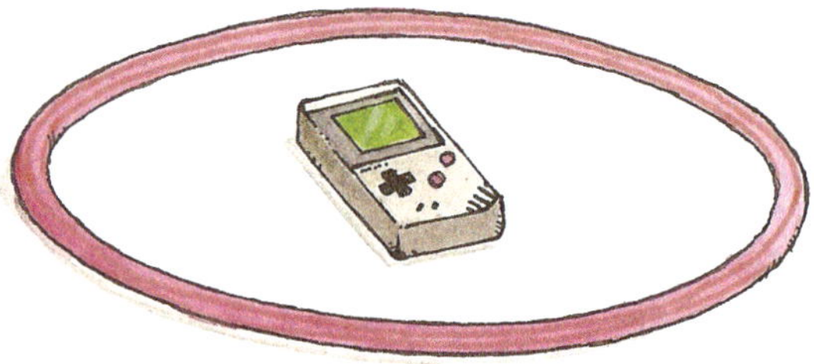

Zwei Texte entflechten

Hula-Hoop – Game Boy

① Den bunten Reifen mit dem Namen *Hula-Hoop* konnte man 1958 zuerst in Amerika und dann auch in Deutschland kaufen.
② 1989 kam der erste Game Boy in Japan auf den Markt und ein Jahr später dann auch in Europa.
③ Noch heute ist dieser Reifen eines der meistverkauften Sportgeräte aller Zeiten.
④ Es handelte sich bei ihm um eine tragbare Videospielkonsole.
⑤ Zunächst war er nur zusammen mit dem Spiel Tetris erhältlich, welches damit zum meistverkauften Computerspiel wurde.
⑥ Millionen Kinder und Erwachsene fanden ihn toll und dachten sich Wettbewerbe und Kunststücke mit dem Reifen aus.
⑦ Im Laufe der Zeit wurden aber hunderte verschiedene Spiele für diese kleine Spielkonsole herausgebracht.
⑧ Dabei ist der Umgang mit ihm gar nicht so einfach, denn man braucht schon den richtigen Schwung, damit er nicht so schnell herunterfällt.
⑨ Echte Reifenkünstler kann man im Zirkus bewundern: Den Artisten gelingt es, unzählige gleichzeitig kreisen zu lassen.
⑩ 1993 schaffte das Spielgerät es sogar bis ins Weltall, denn der Kosmonaut Serebrow nahm es mit zur Raumstation MIR, um auch dort nicht auf Tetris verzichten zu müssen.

1 Hier sind die beiden Texte **Hula-Hoop** und **Game Boy** durcheinandergeraten. Welcher Satz gehört zu welcher Überschrift? Lege eine Tabelle an.

Hula-Hoop	Game Boy
1, …	…

2 Schreibe einen Text mit der passenden Überschrift auf.

- Informationen entnehmen
- Zusammenhänge herstellen
- Eine Tabelle anlegen

▸ A wie Anfang: S. 15
▸ Werkstatt-Heft Lesen: S. 10

Ideenkiste

Meine Lebenszeitleiste

Ich heiße Dani und bin 8 Jahre alt.

1 Gestalte wie Dani eine Zeitleiste für dein Portfolio mit Fotos oder Zeichnungen von Ereignissen, Personen und Dingen aus deinem Leben, die dir wichtig sind.

- Textmuster nutzen
- Eine Zeitleiste gestalten
- Recherchieren

▸ Lernen: S. 144, 145 (Portfolio)

▸ Werkstatt-Heft Lesen: S. 20

Bücher und andere Medien

Was alles in dem Buche steckt

Christoph Eschweiler

1 Was kommt alles aus dem Buch hervor? Erzähle.

2 Tauscht euch in einer kleinen Gruppe aus.
Was ist euch schon in Büchern begegnet?

- Ein Bild betrachten
- Erzählen und zuhören
- Über Erfahrungen sprechen

Bücher

Hartmut Kulick

Bücher
können
reden,
lachen,
weinen,
träumen,
reisen.

Irgendwann
braucht jedermann
ein Buch,
mit dem er
reden,
lachen,
weinen,
träumen,
reisen kann.

Ende

Jürgen Spohn

Zwischen zwei Buchdeckeln lebte eine Geschichte. Sie war noch nicht fertig. Draußen wartete ein trauriges und ein glückliches Ende auf Einlass. Jeder wollte rein. Die beiden gerieten in Streit. Geht jetzt diese Geschichte gut aus – oder nicht?

Ein Buch entsteht

1. Der Autor schreibt eine Geschichte.

2. Im Verlag plant die Verlegerin mit dem Autor das Buch.

3. Die Illustratorin zeichnet die passenden Bilder zu der Geschichte.

4. Im Verlag gibt es Lektoren und Medientechniker. Sie gestalten die einzelnen Seiten des Buches.

5. In der Druckerei werden die Buchseiten auf große Bögen gedruckt und geschnitten.

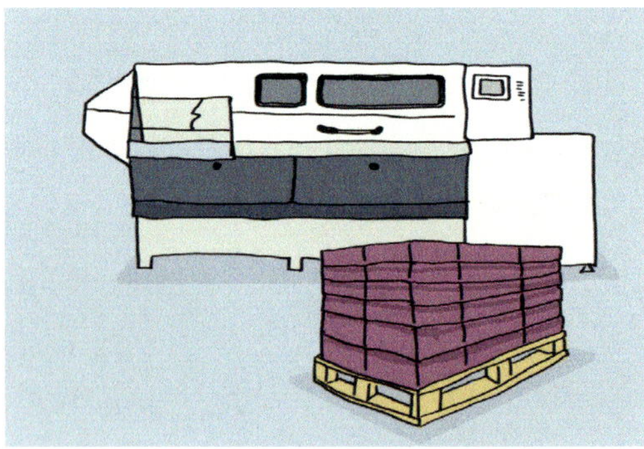

6. In der Buchbinderei werden die Seiten schließlich zu einem Buch zusammengefügt.

1 Berichte, wie ein Buch entsteht.
Die Bilder 1 bis 6 und die Sätze helfen dir.

2 Was passiert auf den Bildern 7 und 8? Erzähle.

3 Stelle selbst ein Buch her.
Schreibe eine Geschichte in dieses kleine Buch
und male Bilder dazu.

- Informationen entnehmen und wiedergeben
- Selbst ein Buch herstellen

▶ Fachwörter: S. 193–197

▶ Werkstatt-Heft Lesen: S. 54/55

Erhard Dietl – Autor, Illustrator und Musiker

Erhard Dietl schreibt, malt und musiziert seit vielen Jahren für Kinder. Diese Antworten hat er in einem Interview gegeben:

A Ich steh um acht Uhr auf, frühstücke mit meiner Familie oder gehe in ein Café und anschließend mit unserem Hund hinüber ins Atelier. Es liegt nur ein paar Straßen weiter von der Wohnung. Dort arbeite ich tagsüber, ich schreibe und zeichne an meinen Büchern und so um sechs Uhr mach ich mich wieder auf den Heimweg. Manchmal habe ich auch Auftritte und Lesungen, dann düse ich mit dem Auto durch die Gegend.

B Ich brauche die Abwechslung. Ich freu mich, dass ich schreiben und zeichnen kann, und wenn ich lange an Texten gearbeitet habe, ist es immer wieder schön, ein Bild zu zeichnen oder umgekehrt.

C Als ich ein Kind war, hatten wir ein bisschen mehr Freiheit, das heißt, wir waren nicht so verplant und hatten nicht so viele Termine wie manche Kinder heutzutage. Meistens waren wir den ganzen Nachmittag draußen, haben Fußball und Indianer gespielt und am Baggersee Flöße gebaut. Unsere Eltern hatten nicht viel Zeit für uns, und wir Kinder haben uns selber beschäftigt.

D In die Schule bin ich nicht gern gegangen. Unsere Lehrer fand ich fürchterlich streng, es gab schon mal Kopfnüsse und Ohrfeigen. Ich hatte ständig Angst, schlechte Noten nach Hause zu bringen, denn auch mein Vater war ein strenger Mann, und bei schlechten Noten gab es nichts zu lachen.

E Wenn man Glück hat, kommen die Ideen ganz von allein. Dann muss ich sie mir merken und schreibe sie auf. Aber trotzdem – oft ist es schwierig. Wenn ich die richtige Idee für einen Auftrag oder eine Geschichte brauche, muss ich manchmal lange grübeln und nachdenken. Es ist harte Arbeit und nicht immer leicht, eine brauchbare Idee zu finden und sie auch noch gut umzusetzen.

F Wenn ich fröhlich bin, dann musiziere und singe ich gern. Und wenn ich traurig bin, dann hilft mir das erst recht.

G An *Rufus Rakete* habe ich ungefähr drei Monate gearbeitet. Ich wollte eine spannende Abenteuergeschichte schreiben, und da es in dem Buch auch ums Segeln geht, musste ich mich erstmal schlau machen, denn ich hatte ja keine Ahnung vom Segeln. Bin nur ein paar Mal mit einem Freund auf dem Ammersee herumgeschippert, leider bei ganz schwachem Wind, und das war nicht besonders abenteuerlich.

1 Ordne die Fragen den Antworten von Erhard Dietl zu.

1 Wie lange haben Sie an dem Buch *Rufus Rakete* geschrieben?

2 Wie kommen Ihre Ideen?

3 Sind Sie gerne in die Schule gegangen?

4 Was machen Sie, wenn Sie fröhlich sind?

5 Wie war Ihre Kindheit?

6 Wie verläuft Ihr Tag?

7 Was machen Sie lieber, zeichnen oder schreiben?

2 Erzähle, was du Interessantes über Erhard Dietl erfahren hast.

3 Besuche Erhard Dietls Homepage unter *www.erhard-dietl.de*. Dort kannst du ihm deine Fragen stellen.

Geschichten – so oder so

Helga Schön

Die meisten Geschichten von Erhard Dietl kannst du in Büchern aus Papier lesen. Du kannst seinen Geschichten aber auch noch anders begegnen.

Robert liest gerade *Die Olchis fliegen in die Schule* als E-Book auf dem Tablet seiner Mutter. Das Wort **E-Book** steht für elektronisches Buch. Wenn du ein E-Book kaufst, dann kaufst du kein Buch aus Papier, sondern nur das Recht, eine Geschichte auf einem Gerät zu lesen.

Neylas Papa hat die **CD-ROM** *Die Olchis: Schleime-Schlamm und Käsefuß* auf dem Notebook installiert. Damit können Neyla und ihr Bruder Olchi-Geschichten ansehen und hören. Sie können auch knifflige Spiele rund um die Olchis auf dem Computer spielen.

Betül hat zum Geburtstag die **Hör-CD** *Die Olchis und die Gully-Detektive* von ihren Freunden geschenkt bekommen. Jetzt macht sie es sich auf dem Sofa gemütlich, setzt den Kopfhörer auf und hört den Olchi-Geschichten zu.

Remos Mama hat die **App** *Ein Drachenfest für Feuerstuhl* auf ihrem Smartphone. Remo kann auf der Autofahrt zur Oma die Geschichten rund um das Drachenfest der Olchis hören, sich Bilder dazu ansehen und Spiele spielen. Er kann zum Beispiel Rätsel lösen oder ein Feuerwerk für das Fest zünden.

Luise hört ihre Lieblingshits aus Schmuddelfing: *Heute will ich ein Olchi sein.*

Rosi hat im **Computer** die Seite *www.olchi.de* geöffnet. Sie will sich einen Olchi-Detektivausweis machen. Die Vorlage für den Ausweis kann sie herunterladen und ausdrucken.

Und Ferdinand liest das **Buch** *Die Olchis und der blaue Nachbar.* Er hat es sich in der Bücherei ausgeliehen.

1 Welche der hier vorgestellten Möglichkeiten gefällt dir am besten? Begründe.

- Informationen entnehmen
- Die eigene Meinung äußern und begründen

▸ Werkstatt-Heft Lesen: S. 54/55

Die lange Geschichte

Y3 vom Planeten Gorky

Erhard Dietl

Ich weiß, ich spreche gerne etwas zu schnell. Dafür muss ich mich entschuldigen, ich will dich nicht verwirren. Das schnelle Reden ist keine schlechte Angewohnheit, sondern ein alter Programmierfehler. Es ist bestimmt besser, ich erzähle dir meine Geschichte etwas langsamer und von Anfang an.

Mein Name ist Y3. Ich komme vom Planeten Gorky, aber ich spreche die Sprache der Erdlinge perfekt, das hast du sicher schon gemerkt. Ich habe alle Wörter einprogrammiert. Wenn ich in meiner Heimatsprache erzähle, verstehst du wahrscheinlich nur Bahnhof:
.tnre ftne edre red nove rhajt hcilf nüf, ykrog neten alp movem mok hci
In der Sprache der Erdlinge heißt das:
Ich komme vom Planeten Gorky, fünf Lichtjahre von der Erde entfernt.

Für uns Gorkyaner sind fünf Lichtjahre kein Problem, die Lichtgeschwindigkeit haben wir längst überwunden. Der Planet Gorky ist nicht besonders groß, nur halb so groß wie der Planet Erde. Aber bei den Planetariern unserer Nachbarplaneten ist Gorky sehr beliebt, und viele verbringen ihre Ferien bei uns. Auf Gorky ist es angenehm kühl, wir haben herrliche Purpurfelder, viele rauchende Vulkane und große, duftende Parfüm-Wälder. Wir haben jede Menge Landeplätze für den Flugverkehr. Leider ist unser Luftraum ständig überfüllt. Besonders die rasenden VELOPEDEN gehen mir auf die Nerven.

Seitdem fast jeder Idiot mit so einem
neumodischen Ding herumfliegt,
kann man nicht mehr in Ruhe durch die Atmosphäre gleiten.

Auf Gorky bewohne ich eine schöne Behausung.
Sie ist ohne Schnickschnack,
aber technisch auf dem allerneusten Stand,
mit einer 1-a-Lage gleich hinter der Schwarzen Ebene.
Die Schwarze Ebene mag ich sehr,
sie strahlt eine angenehme Ruhe aus.
Da mein Leben sehr abwechslungsreich ist,
habe ich es zu Hause gerne ruhig.
Ich lebe allein mit meinem MAMBU.
Er sitzt auf seinem Lichtstrahl am Eingang
zu meinem Wohlfühlraum, und jedes Mal,
wenn ich in meine Behausung trete,
begrüßt er mich mit angenehmen sphärischen Klängen.

Mein MAMBU

Meinen MAMBU habe ich schon lange. Er ist ein angenehmer Zeitgenosse, und seine Elektronik funktioniert einwandfrei. Ich hatte noch nie Probleme mit ihm.
Eine andere Lebensbegleiterin oder einen Lebensbegleiter habe ich nicht. Vielleicht finde ich eines Tages jemanden, der zu mir passt. Aber so, wie es ist, bin ich zufrieden, und das Alleinsein stört mich nicht.

Außerdem habe ich einen interessanten Beruf. Er ist nie langweilig, und man kommt viel rum. Willst du wissen, was ich mache?
Seit vielen Jahren arbeite ich als intergalaktischer Reporter für unser Nachrichtenmagazin, den „Urknall" – „das intergalaktische Magazin für den aufgeweckten Planetarier". Klingt kompliziert, ist aber nichts anderes als eine elektronische Zeitung.
Meine Chefin schickt mich und meine Kollegen oft zu verschiedenen Planeten, und wir funken unsere Erlebnisse zurück nach Gorky in die Redaktion des „Urknall".
Manche Planeten sind bewohnt, andere nicht – ich mag lieber die bewohnten und am allerliebsten die bewohnten warmen Planeten.

Bei uns auf Gorky ist es, wie schon gesagt, ziemlich kühl, und ab fünfzehn Grad minus arbeitet mein Denkgehirn nur noch mit halber Kraft. Jedes Mal freue ich mich deshalb, wenn mich die Chefin auf einen warmen Planeten schickt. Zum Glück gibt es jede Menge warme Planeten in unserer Galaxie.

Neulich hatten wir Redaktionssitzung. Der Vortrag meiner Chefin war so langweilig, dass ich die Augen zumachte.

Als mein Name genannt wurde, schreckte ich hoch. Anscheinend war ich eingenickt.
„Y3!“, hörte ich die Chefin rufen. „Was halten Sie davon?“
Ich hatte keine Ahnung, was sie meinte. Geistesgegenwärtig sagte ich: „Äh, ja doch, warum nicht ...?“ Ich starrte auf den Schirm. Dort sah man den Planeten Erde. Strahlend blau und perlend weiß leuchtete er im schwarzen All.
„Was halten Sie von einem Ausflug zur Erde?“, hörte ich meine Chefin noch einmal fragen.
„Äh, ich? Wieso?“ Es gefiel mir gar nicht, was ich da hörte. Ich hatte schon viele Planeten besucht, doch die Erde war neu für mich. Die Bewohner dort hatten keinen guten Ruf, und man sagte, sie wären nicht ungefährlich. Sie galten als kompliziert und unberechenbar. Angeblich ging es bei den Erdlingen drunter und drüber.
„Wir haben da nämlich ein Problem“, erklärte die Chefin.
Ich duckte mich. Eine Wolke heißer Wassertröpfchen kam aus ihrem Rüssel, denn sie hatte eine ziemlich feuchte Aussprache.
„Unser lieber Kollege Y9 ist seit sieben Sonnenbahnen auf dem Planeten Erde“, sagte sie. „Wie Sie alle wissen, ist Y9 als Botaniker Spezialist für Pflanzgewächse. Ich habe ihn dorthin geschickt, um neue Erkenntnisse über den Pflanzenreichtum des blauen Planeten zu gewinnen. Und natürlich auch über die Erdenbewohner, über die wir leider immer noch viel zu wenig wissen.
Nach seinem ersten Bericht über die angetroffenen Erdlinge haben wir leider nie wieder etwas von ihm gehört.“
„Ach, du meine Güte!“, rief Y2.

„Ja, das ist durchaus unerfreulich“, fuhr die Chefin fort. „Y9 ist seitdem verschollen. Er hat sich nie mehr gemeldet.“

Ein Raunen ging durch die Kollegen.

Y9 (verschollen)

„Wir müssen dringend nachsehen, was mit ihm los ist“, sagte die Chefin. „Ich mache mir die größten Sorgen. Und Sie, Y3, scheinen mir der geeignete Mann dafür zu sein. Sie haben doch so eine gute Spürnase. Finden Sie Y9!“

Sämtliche Kollegen nickten zustimmend. Anscheinend hatte keiner Lust auf den blauen Planeten, und alle waren froh, dass es nun mich getroffen hatte.

Y9 kannte ich gut. Er war ein eher unsympathischer Typ, ein Angeber und Liebling unserer Chefin. Wo er konnte, drängelte er sich vor. Ich konnte diesen alten Besserwisser nicht ausstehen. Aber dass er jetzt in Schwierigkeiten war, hatte ich nicht gewusst, das tat mir natürlich leid.

Die Chefin stemmte die Arme in die Seite und schaute mich durchdringend an.

„Sie fliegen am besten noch heute zum Planeten Erde.“

Ich starrte meine Chefin an. „Schon heute?“

„Ja, heute, Y3! Finden Sie den Kollegen Y9. Daneben erwarte ich natürlich von Ihnen weitere Berichte über die Lebensweisen und Eigenschaften der Erdlinge. Wir brauchen dringend Stoff für unsere Rubrik ‚Neues vom blauen Planeten'. Schweben Sie gleich hinüber ins Labor und besorgen Sie sich alle nötigen Reisedaten.“

Mehr über Y3 kannst du in diesem Buch lesen:

Übungskiste

Ein Leserätsel lösen: Wer mag was?

Das Mädchen, das **Cornelia Funke** mag, findet den Film **Die wilden Hühner** richtig gut.
Der Junge, der das Buch **Leon der Slalomdribbler** mag, hat als Lieblingsfilm **Ich – einfach unverbesserlich.**
Das andere Mädchen würde den Film **Hanni & Nanni** am liebsten immer wieder sehen.
Roberto gefallen besonders die Bücher von **Erhard Dietl**.
Der andere Junge mag die Geschichten, die **Joachim Masannek** schreibt.
Ein Mädchen liest alles gern, was **Cornelia Funke** geschrieben hat. Das Buch **Igraine Ohnefurcht** ist im Moment ihr Lieblingsbuch.
Julikas Lieblingsbuch heißt **Miss Wiss ganz groß!**
Am liebsten liest Roberto das Buch **Die Olchis – Safari bei den Berggorillas.**
Emils Lieblingsbuch ist **Leon – der Slalomdribbler**.
Das Kind, das das Buch **Miss Wiss ganz groß!** mag, liest auch gern Bücher, die **Sabine Ludwig** schreibt.
Ein Kind mag den Film **Das kleine Gespenst** am liebsten.

1 Lege eine Tabelle in deinem Heft an.

Name	Roberto	Julika	Emil	Luna
Lieblingsbuch				
Lieblingsfilm				
Lieblingsautor				

2 Lies den Rätseltext mehrmals. Trage immer erst dann etwas in die Tabelle ein, wenn du dir sicher bist, dass es stimmt.

3 Überprüfe deine Lösung und lies den Rätseltext noch einmal.

- Informationen entnehmen
- Zusammenhänge herstellen
- Eine Tabelle anlegen

▸ A wie Anfang: S. 13
▸ Werkstatt-Heft Lesen: S. 8

Ideenkiste

Eine Umfrage machen: Das lese ich gern!

Kinder der Klasse 3a haben eine Umfrage gemacht. Sie wollten herausfinden, welche Bücher ihre Mitschüler gerne lesen. Sie befragten 23 Mädchen und 24 Jungen. Jedes Kind konnte mehrere Antworten geben.

Hier sind die Ergebnisse:

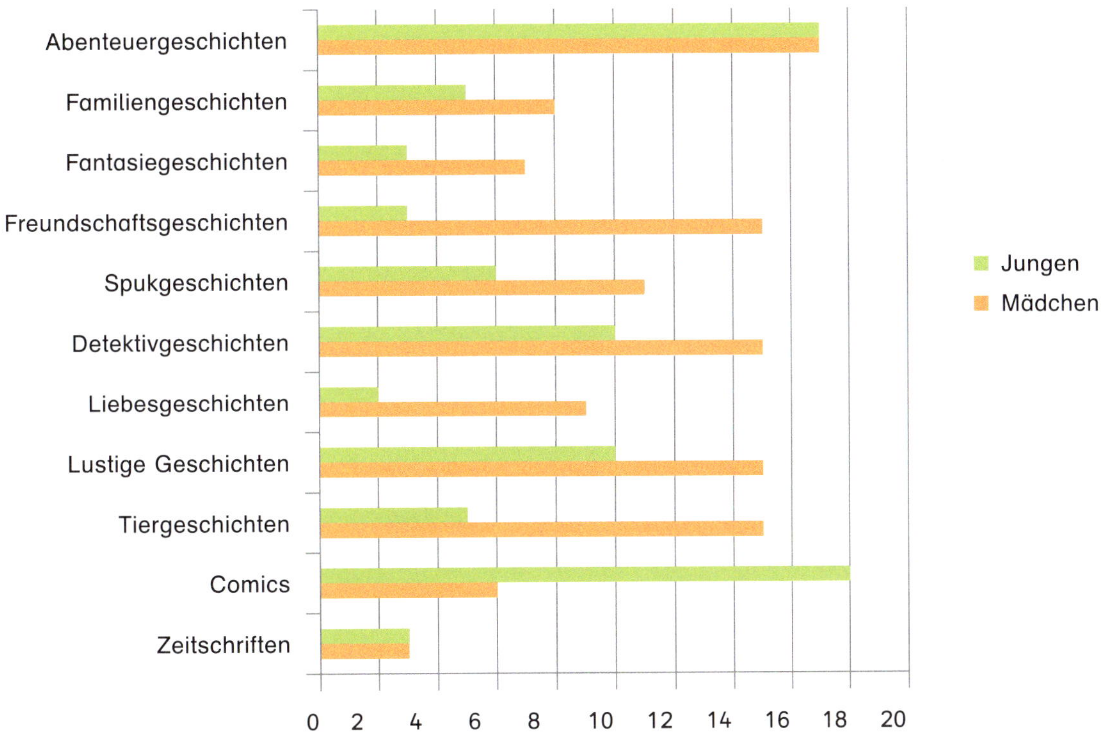

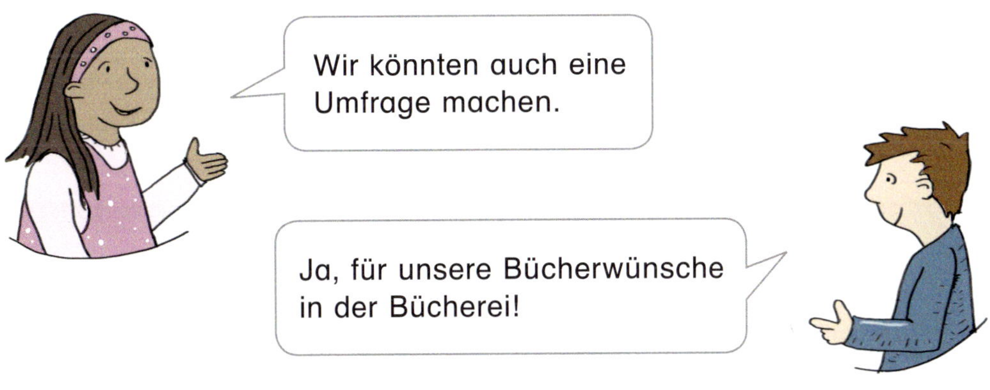

- Essen und Trinken: S. 51
- Gefühle: S. 136
- Fachwörter: S. 193–197
- Werkstatt-Heft Lesen: S. 14/15

Das Jahr

Das Jahr hat viele Farben

Robert Delaunay: Window 1912

1 Arbeitet nach der Ich-Du-Wir-Methode.
Welche Jahreszeiten findet ihr in dem Bild?

- Ein Kunstwerk betrachten
- Kooperativ arbeiten

▸ Lernen: S. 142

frühling

Arne Rautenberg

frühling
frühmer
frühbst
frühter
somling
sommer
sombst
somter
herling
hermer
herbst
herter
winling
winmer
winbst
winter

1 Was ist das Besondere an diesem Gedicht?

2 In welchen Versen stehen die Namen für die vier Jahreszeiten?

3 Wie verändern sich die Wörter?

- Ein Gedicht lesen
- Die Besonderheiten des Gedichts erkennen

▸ Wetter: S. 45

▸ Hör-CD: Nr. 2/1

Karneval

Wolfgang Menzel

Verrückt geht's zu im Karneval!
Ein jeder lacht und singt
und ist nicht mehr so ganz normal
und hat sich bunt geschminkt,

hat sich verkleidet und verziert
und tanzt und springt und schwebt,
hat sich vermummt und sich maskiert
– und Nasen angeklebt.

Die Maske grinst, die Fratze lacht,
die Klatsche um sich haut,
die Flöte piept, die Pauke kracht,
die Rasseln scheppern laut.

Ein Hase tanzt mit einem Schwein,
drei Geister tanzen Ringelreihn,
ein Engelchen tanzt mit Piraten,
die Hexe tanzt mit Akrobaten.

Ein wilder Kerl tanzt mit Vampiren,
ein Esel hüpft auf allen vieren,
ein Hahn tanzt mit 'nem Känguru,
ein Monster macht Musik dazu.

Es tanzt die Fee, der Astronaut,
der Teufel mit der Räuberbraut,
die Katze tanzt mit Micky Maus ...
Wer noch mit wem tanzt? – Denk dir's aus!

1 Trommelmusik

Hört euch das Gedicht an
oder sprecht es gemeinsam.

Schlagt den Takt dazu.
Zu der Trommelmusik
könnt ihr euch bewegen
und tanzen.

2 Ein Tanzspiel zum Gedicht

Es wird getrommelt,
alle Kinder tanzen dazu
im Takt.
Auf ein Zeichen hört
die Musik auf
und die Tänzer erstarren.
Ein Kind spricht
in dieser Pause
eine Strophe des Gedichts.
Und weiter geht es
mit Musik und Tanz
und Pause,
bis das Gedicht zu Ende ist.

3 Verse umdichten

Wenn ihr noch
mehr Strophen braucht,
könnt ihr die Verse
auch umdichten:

Die Hexe tanzt mit einem Schwein,
drei Tiger tanzen Ringelreihn,
die Kuh tanzt mit …

4 Weiterdichten

Ihr könnt das Gedicht
auch weiterdichten.

Hase – Nase
Katze – Glatze
singen – schwingen
Jaguar – wunderbar
…

- Informationen entnehmen
- Sich handelnd mit einem Gedicht auseinandersetzen

- Lernen: S. 145 (Portfolio)
- Gedichte: S. 174–181
- Darstellendes Spiel: S. 182–184
- Hör-CD: Nr. 2/2

Februar

Josef Guggenmos

Es ist ein großes
Warten
im Februar
im Garten.

Die Amsel gixt,
sie will singen;
doch ganz
will's noch nicht gelingen.

Bald wird mein Garten
voller Schneeglöckchen sein.
Bald fällt meiner Amsel
ihr Lied wieder ein.

Im März

Theodor Storm

Und aus der Erde schauet nur
alleine noch Schneeglöckchen;
so kalt, so kalt ist noch die Flur,
es friert im weißen Röckchen.

- Gedichte lesen
- Vorstellungen entwickeln
- Handlungsideen entwickeln

▸ Gedichte: S. 179–181
▸ Darstellendes Spiel: S. 184
▸ Hör-CD: Nr. 2/3, 2/4

April

Heinrich Seidel

April! April!
Der weiß nicht, was er will.
Bald lacht der Himmel blau und rein,
bald schaun die Wolken düster drein,
bald Regen und bald Sonnenschein!
Was sind mir das für Sachen;
mit Weinen und mit Lachen
ein solch Gesaus zu machen!
April! April!
Der weiß nicht, was er will.

O weh! O weh!
Nun kommt er gar mit Schnee
und schneit mir in den Blütenbaum,
in all den Frühlingswiegentraum!
Ganz gräulich ist's; man glaubt es kaum:
Heut Frost und gestern Hitze,
heut Reif und morgen Blitze;
das sind so seine Witze!
O weh! O weh!
Nun kommt er gar mit Schnee!

Hurra! Hurra!
Der Frühling ist doch da!
Und treibt der raue Wintersmann
auch seinen Freund, den Nordwind, an
und wehrt er sich, so gut er kann,
es soll ihm nicht gelingen:
denn alle Knospen springen,
und alle Vögel singen.
Hurra! Hurra!
Der Frühling ist doch da!

- Gedichte lesen
- Vorstellungen entwickeln
- Handlungsideen entwickeln

▸ Lernen: S. 148
▸ Gedichte: S. 179
▸ Hör-CD: Nr. 2/5

Papa

Manfred Mai

Wenn ich auf deinem Schoß sitze
und mich an dich kuschle,
dann bist du mein Papa.

Wenn du bei mir auf dem Boden sitzt
und mir ein Legoschloss baust,
dann bist du mein Papa.

Wenn du einfach zugibst,
dass du einen Fehler gemacht hast,
dann bist du mein Papa.

Wenn du mich an dich drückst,
ohne dass es einen Grund dafür gibt,
dann bist du mein Papa.

Wenn du mit mir redest
wie mit Mama und Onkel Andi,
dann bist du mein Papa.

Wenn ich zu dir ins Arbeitszimmer komme
und du den Bleistift weglegst,
dann bist du mein Papa.

- Ein Gedicht lesen
- Vorstellungen entwickeln

▸ Gedichte: S. 176

▸ Hör-CD: Nr. 2/6

Meine Mutter

Rosemarie Neie

Von allen Müttern auf der Welt
ist keine, die mir so gefällt
wie meine Mutter, wenn sie lacht
und wenn sie mir die Tür aufmacht.
Auch wenn sie aus dem Fenster winkt
und mit mir rodelt, mit mir singt,
wenn sie auf meinem Bettrand sitzt,
solang es donnert oder blitzt,
und wenn sie sich mit mir versöhnt,
bei einer Krankheit mich verwöhnt –
ja, was sie überhaupt auch tut,
ich mag sie immer, bin ihr gut.
Und hin und wieder wundert's mich,
dass wir uns fanden – sie und ich.

1 Schreibe ein Gedicht auf ein Schmuckblatt.
Du kannst beide Gedichte aber auch verändern.

Mein Vater
Von allen Vätern auf der Welt
ist keiner, der mir so gefällt
wie mein Vater, wenn er …

Isabel
Wenn ich mit dir
durch den Wald laufe
und eine Bude baue,
dann bist du
meine Freundin.

- Ein Gedicht lesen
- Ein Gedicht umdichten
- Ein Gedicht gestalten

▸ Gedichte: S. 176, 178, 179

Sommer auf Balkonien

Rusalka Reh

In diesen Sommerferien bleiben wir zu Hause. Lenka, Bruni, Mama, Papa und ich.

Bruni ist unsere Katze. Sie frisst wie ein Schäferhund und braucht dafür massenhaft Futter und hinterher Klostreu.

Lenka ist meine Schwester. Sie ist sechs Jahre alt. Meistens spricht sie sehr fein. Aber lesen kann sie noch nicht, denn sie kommt erst nach den Sommerferien in die Schule. Ich heiße Pontus. Ich bin bald acht. Meine Eltern sind fuchsteufelsschlau und arbeiten viel. Ihr Büro ist bei uns zu Hause.

Mama sagt, wer einer Katze Klostreu kaufen kann, der ist nicht arm. Trotzdem fliegen wir nicht sonst wohin, weil wir schließlich keinen Goldesel haben, sagt sie, und weil das außerdem Dreck in der Luft macht. Wir bleiben zu Hause.

„Wir fahren zwar nicht in die Ferien“, sagt Mama beim Frühstück noch einmal und klopft auf ihr Ei, „aber wir haben uns überlegt: Ihr dürft den großen Balkon den Sommer über ganz für euch allein haben.“

„Ja.“ Papa nickt und schneidet sein Brötchen auf. „Nur, Runterspringen ist, bitte schön, verboten.“

Ich verschlucke mich vor lauter Glücksglucksen an meinem Orangensaft.

Lenka klopft mir auf den Rücken.

Der große Balkon für uns allein? Den ganzen Sommer lang?

„Dann machen wir ja …“, rufe ich.

„Ferien auf Balkonien!“, ruft Lenka.

Zwei Wochen, bevor die Ferien anfangen, legen wir schon los: Jeden Tag schleppen wir Sachen hinaus.

1 Sammelt Ideen für Balkonien und gestaltet euer eigenes Balkonien in einem Karton oder auf einem Plakat.

- Informationen entnehmen
- Gestaltungsideen entwickeln, umsetzen, präsentieren

▸ Texte verstehen: S. 156

Sabine Rothmund

1 Welche Überschrift passt auch zu dem Comic?

„Hilfe, es brennt!“ | Der verlorene Schlüssel | Die Tunnelrutsche

2 Erzähle die Geschichte von Adrian und Odilo im Freibad.

- Eine Überschrift zuordnen
- Eine Bildergeschichte mit eigenen Worten wiedergeben

▸ Essen und Trinken: S. 49
▸ Märchen: S. 170/171

Mittsommer

Redaktion KinderZEIT

Mitten in der Nacht im Garten sitzen und ein Buch lesen, ohne dass man eine Lampe braucht: Das geht im Sommer an vielen Orten in Nordeuropa. Der hellste Tag des Jahres ist der 21. Juni.

Auf der Nordhalbkugel der Erde gibt die Sonne alles: Zu keinem anderen Zeitpunkt geht sie so früh auf und so spät unter. Je weiter man Richtung Norden fährt, desto länger bleibt es hell.

An diesem Tag beginnt im Kalender der Sommer. Das wird in vielen Ländern gefeiert, zum Beispiel in Schweden mit dem Mittsommerfest.

„Wir feiern, dass Sommer ist, und stellen eine midsomarstång auf. Das ist eine Art Baum, den wir mit Blättern und Blumen schmücken“, erklärt Rebekka. Sie ist sieben Jahre alt und lebt in der Nähe der Stadt Stockholm in Schweden.

„Die Menschen fassen sich an den Händen und tanzen im Kreis um die Stange herum“, erzählt Mikael. In der Mitte stehen Musiker in Trachtenanzügen und spielen auf Geigen Kinderlieder.

Die Mädchen putzen sich zum Mittsommerfest heraus.

Sie tragen helle Sommerkleider und oft Blumen in den Haaren. „Mit Löwenzahn kann man tolle Kränze und Ringe machen“, erklärt die sechsjährige Anna. „Dazu nimmt man noch andere Blumen, blaue oder weiße.“ Für Mädchen gibt es einen alten Brauch: Sie sollen auf neun Wiesen neun Blumen sammeln und sich diese Sträußchen unters Kissen legen. Im Traum erscheint ihnen der Mann, den sie später heiraten.

Fest steht auch das Essen: eingelegter Hering und Kartoffeln.

Viele Kinder dürfen mit ihren Familien feiern bis tief in die Nacht.

1 Suche im Text drei Informationen, die du dir merken willst. Schreibe sie auf.

2 Sucht zu zweit zu jedem Foto eine passende Textstelle.

3 Erkläre diesen Satz aus dem Text: **Je weiter man nach Richtung Norden fährt, desto länger bleibt es hell.** (Zeile 6). Recherchiere im Internet unter *www.blinde-kuh.de* mit den Suchwörtern **Mittsommernacht** oder **Polartag**.

- Informationen entnehmen
- Textstellen suchen und erklären

▶ Meerestiere: S. 69
▶ Lernen: S. 144
▶ Texte verstehen: S. 158

Herbst

Josef von Eichendorff

Es ist nun der Herbst gekommen,
hat das schöne Sommerkleid
von den Feldern weggenommen
und die Blätter ausgestreut,

vor dem bösen Winterwinde
deckt er warm und sachte zu
mit dem bunten Laub die Gründe,
die schon müde gehen zur Ruh.

Herbstvergnügen

Charlotte Bär

Mein Drachen steigt!
Hurra! Ich hab ihn selbst gebaut.
Ich renne übers Stoppelfeld.
Mein Drachen steigt!
Er tanzt im Wind, zerrt an der Schnur.
Ich halte ihn und lache.
Mein Drachen steigt!
Hurra! Ich hab ihn selbst gebaut.

1 Übe, das Gedicht **Herbst** ausdrucksvoll vorzulesen.
Trage es in der Klasse vor.

2 Was gefällt dir am Herbst?
Schreibe Herbstsätze auf und lies sie vor.
Es regnet bunte Blätter. Morgens ist es kalt und neblig. …

3 Schreibe selbst ein Rondell zum Herbst.

- Ein Gedicht vortragen
- Schreibmuster (Rondell) nutzen

- Lernen: S. 145 (Portfolio), 148
- Gedichte: S. 179–181
- Hör-CD: Nr. 2/7, 2/8

Herbstwind und Sonne

Nach einer Fabel von Jean de La Fontaine

Herbst war's. Mal schien die Sonne, mal regnete es, mal blies ein kalter Wind. Gegen dies wechselhafte Wetter hatte sich ein Wanderer dick vermummt.

„Der hat sich gut vorgesehen", sagte der Wind, „aber er hat nicht an mich gedacht! Wenn ich kräftig puste, hält kein Knopf, ja, der ganze Mantel fliegt davon."
„Gut, wetten wir", sagte die Sonne. „Wer's von uns zweien zuerst schafft, dass der Wandersmann ohne Mantel geht, soll Sieger sein. Beginn du."

Der Wind bläht sich wie ein Ballon, schiebt Wolken vor die Sonne, pfeift, faucht und stürmt. Er packt den Mantel an Falten und Kragen, doch der Mann wickelt sich nur umso fester in ihn ein. Ziegel krachen von den Dächern, Boote kentern, Bäume stürzen – der Mantel hält.
Jetzt zerteilt die Sonne das schwarze Wolkenmeer, sie strahlt und wärmt. Dem Wanderer in seinem schweren Mantel wird's zu heiß; er zieht ihn aus, noch ehe die Sonne ihre ganze Kraft entfaltet hat.

So bewirkt Milde oft mehr als rohe Gewalt.

1 Spielt die Fabel nach.

Wenn die Nebelfrau kocht

Hanna Hanisch

Wer hockt hinterm Berge,
verhutzelt und grau?

Die alte Hexe,
die Nebelfrau.

Sie schöpft aus der Pfütze,
kocht graudicke Grütze.
Mischt Wasser mit Luft,
mengt Sonne mit Tau.

Das gibt eine Suppe!
Das gibt ein Gebrau!
Ein Löffel Warm,
zwei Handvoll Kalt. –

Schon brodelt's am Berge.
Schon dampft es im Wald.

Eine Prise Wind,
halb kalt, halb lau.
Hihi, so schmeckt es
der Nebelfrau.

Die Grütze blubbert,
steigt über den Rand.
Hu, was für ein Nebel!
Verschwunden das Land.

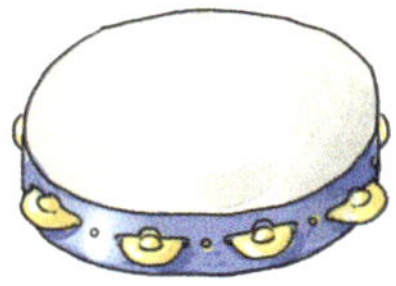

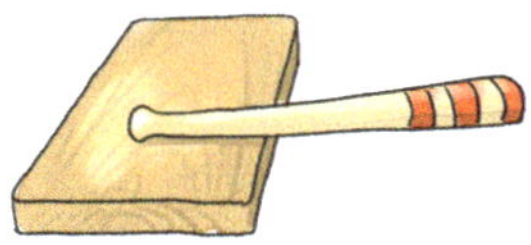

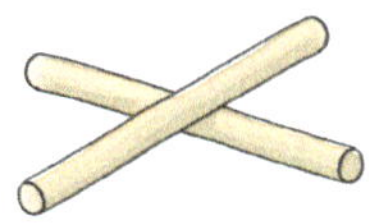

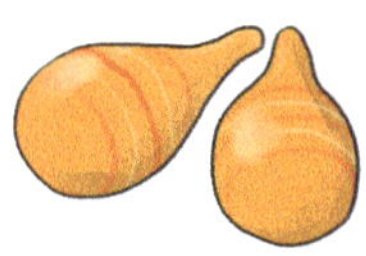

1 Gestaltet das Gedicht mit Geräuschen.

2 Tragt das Gedicht vor.
Lasst euch eine Rückmeldung geben.

- Ein Gedicht mit Geräuschen gestalten und präsentieren
- Rückmeldungen geben

▸ Lernen: S. 146–149
▸ Gedichte: S. 174/175
▸ Darstellendes Spiel: S. 186
▸ Werkstatt-Heft Lesen: S. 51, 52

November

Elisabeth Borchers

Es kommt eine Zeit,
da lassen die Bäume
ihre Blätter fallen.
Die Häuser rücken
enger zusammen.
Aus dem Schornstein
kommt Rauch.

Es kommt eine Zeit,
da werden die Tage klein
und die Nächte groß,
und jeder Abend
hat einen schönen Namen.

Einer heißt Hänsel und Gretel.
Einer heißt Schneewittchen.
Einer heißt Rumpelstilzchen.
Einer heißt Katherlieschen.
Einer heißt Hans im Glück.
Einer heißt Sterntaler.

Auf der Fensterbank
im Dunkeln,
dass ihn keiner sieht,
sitzt ein kleiner Stern
und hört zu.

1 Beantworte die Fragen:

- Welche Namen haben die Abende in diesem Gedicht?
- Warum haben die Abende diese Namen?
- Wie würdest du die Abende im November nennen?

2 Gestalte ein Bild oder ein Leporello zum Gedicht.

Weihnachten im Stall

Astrid Lindgren

An einem Abend vor langer Zeit, da kamen ein Mann und eine Frau in der Dunkelheit ihres Weges daher. Sie waren weit gewandert und waren müde, jetzt wollten sie schlafen, wussten aber nicht, wo.

Überall auf den Höfen waren die Lichter erloschen. Die Menschen schliefen schon und keiner kümmerte sich um die Wanderer, die noch unterwegs waren.

Dunkel und kalt war es an diesem Abend vor langer Zeit.

Kein Stern leuchtete am Himmel.

Da fanden die Wanderer am Weg einen Stall. Der Mann öffnete die Tür und leuchtete mit seiner Laterne hinein. Vielleicht gab es dort drinnen Tiere? Denn wo Tiere schlafen, da ist es warm, und die beiden Wanderer froren und waren müde.

Ja, im Stall waren Tiere.

Sie schliefen schon, doch als sie die Tür knarren hörten, erwachten sie und sahen die Wanderer eintreten. Und sie sahen die Frau dort stehen im Lichtschein der Laterne. Aber warum die Frau zu so später Stunde in ihren Stall gekommen war, das wussten die Tiere nicht. Vielleicht spürten sie trotzdem, dass die Frau fror und dass sie müde und hungrig war.

Vielleicht spürte es das Pferd, als die Frau ihre kalten Finger unter seine Mähne schob, um sich zu wärmen.

Vielleicht spürte es die Kuh, als die Frau sie melkte und ihre gute, warme Milch trank.

Vielleicht spürten es auch die Schafe. Denn als die Frau sich zum Schlafen auf das Stroh niederlegte, scharten sie sich um sie und wärmten sie.

Dann senkte sich die Nacht still über den Stall und über alle, die darin waren.

Als die Nacht aber am dunkelsten war, da erklang in der Stille der erste Schrei eines neugeborenen Kindes. Und zur selben Stunde flammten am Himmel alle Sterne auf. Ein Stern war größer und heller als die übrigen. Genau über dem Stall stand er und leuchtete mit klarem Schein.

Nun waren in dieser Nacht Hirten auf den Feldern. Sie wollten ein paar Schafe heimholen, die noch draußen waren, obwohl der Winter schon Einzug gehalten hatte.

Und die Hirten sahen den Stern über dem Stall, sie sahen den ganzen Himmel in Licht erstrahlen.

„Warum leuchtet ein Stern über unserem Stall?“, fragten die Hirten einander. „Kommt“, sagten sie, „lasst uns gehen und sehen, was sich zugetragen hat.“

Und sie eilten auf beschneiten Pfaden heim mit ihren Schafen und Lämmern.

Und im Stall fanden sie ein neugeborenes Kind, das lag in den Armen seiner Mutter.

„Der Stern leuchtet um des Kindes willen!“, sagten die Hirten. „Nie zuvor wurde ein Kind geboren in unserem Stall.“

Das Kind musste schlafen, doch es gab weder Wiege noch Bett. Nur eine Krippe gab es im Stall. Dahinein bettete die Mutter ihr Kind. Und das Pferd stand still daneben und sah zu. Vielleicht begriff es, dass das Kind die Krippe zum Schlafen brauchte.

So ging die Nacht dahin. Das Kind schlief in der Krippe, ringsum standen stumm die Hirten.

Alles war ganz still.

Und über dem alten Stall leuchtete der Weihnachtsstern.

Denn als dies geschah, war es Weihnachten.

Ein Weihnachten vor langer Zeit.

Das allererste Weihnachten.

Wie soll ich den Schnee beschreiben?

Bashabi Fraser

Meine Verwandten baten:
Beschreib uns den Schnee!
Nur hab ich keine Ahnung, wie.
Wie soll ich erklären,
Wie weich er fällt,
Wie sanft er
Unsern Garten füllt,
Wie feucht er sich anfühlt,
Wenn er auf mir landet,
Wie frisch er unter
Den Sohlen knirscht,
Wie schnell er einen
Hang runterrutscht,
Wie dick er in unserem
Schulhof liegt,
Wie leicht er sich zu
Einem Ball rollen lässt,
Wie schnell er aus
Meiner Hand herausschießt
Und gegen den Rücken
Meines Freundes fliegt,
Und wie er dann schließlich
Zu Pulver zerstäubt
Und im Schnee auf dem Spielplatz
Verschwindet?

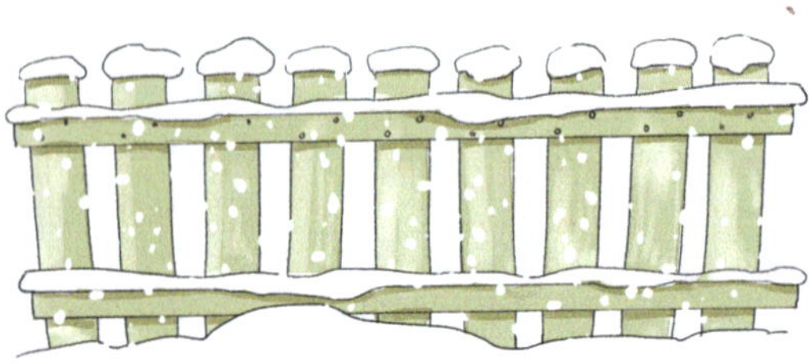

Wie entsteht Schnee?

Ursula Schwarz

Schnee entsteht in einer Wolke, aber nur, wenn es dort mindestens –10 Grad Celsius kalt ist.

Zuerst gefrieren Wassertröpfchen um winzige Staubteilchen. Kleine sechseckige Eiskristalle entstehen dadurch. Daran gefrieren dann weitere Wassertröpfchen. Und innerhalb kurzer Zeit wachsen so sechsarmige Eiskristalle in unendlich vielen verschiedenen Formen heran.

Die Eiskristalle verhaken und verkleben sich und werden zu Schneeflocken. Die Flocken wachsen noch weiter. Sie werden schwerer und fallen auf die Erde. Allerdings nur, wenn es auch dort kalt genug ist, wie im Winter.

Warum fallen Schneeflocken so langsam vom Himmel?

…

Warum sieht Schnee weiß aus?

1 Recherchiere selbst im Internet bei *www.fragfinn.de* zum Schnee.

Übungskiste

Fehler im Text finden

Die vier Jahreszeiten

Der Frühling beginnt am 20. März. Tag und Nacht sind dann genau gleich lang. Von da an werden die Tage länger und wärmer. Gänseblümchen, Narzissen und Tulpen blühen. Die Bäume bekommen neue grüne Zähne.

Der Sommer beginnt am 21. Juni. Dieser Tag ist der längste im Jahr. Im Sommer blühen auf den Wiesen und in den Gärten viele Blumen. Unzählige Insekten krabbeln und fliegen umher, zum Beispiel Bienen, Schmetterlinge, Libellen, Frösche, Käfer und Mücken.

Im Herbst werden die Tage wieder kürzer. Die Äste der Bäume färben sich bunt und fallen dann ab. Es wird kühler und oft neblig. Viele kleine Tiere sammeln Vorräte für den Winter, manche futtern sich dick, wie der Igel. Die Zugvögel fliegen in wärmere Länder.

Im Dezember, wenn die Tage am kürzesten sind, beginnt der Winter. Es wird dann manchmal so kalt, dass Teiche und Seen zufrieren. Die Kinder freuen sich, wenn es schneit. Im Winter feiern wir Weihnachten, Ostern und Karneval.

1 In jedem Abschnitt ist ein Fehler versteckt. Finde ihn.

- Sinnverstehend und genau lesen
- Vorwissen aktivieren

▸ A wie Anfang: S. 12

▸ Werkstatt-Heft Lesen: S. 12

Ideenkiste

Steinspiele für jede Jahreszeit

Stein-Mikado

Für dieses Spiel braucht ihr viele verschiedene Steine.
Legt alle Steine so aufeinander, dass sie einen schönen Haufen ergeben und nicht sofort herunterrutschen können.

Jetzt ist der erste Spieler an der Reihe. Einzeln hebt er vorsichtig einen Stein nach dem anderen ab. Bewegt sich dabei einer der Steine auf dem Haufen oder rutscht herunter, ist der nächste Spieler an der Reihe.
Wenn kein Stein mehr übrig ist, hat der Spieler mit den meisten Steinen gewonnen.

Wurfspiel

Für dieses Spiel braucht ihr einen kleinen runden Stein und für jeden Mitspieler einen flachen Stein. Am besten kennzeichnet jeder Mitspieler seinen Stein.

Es werden zwei Mannschaften gebildet mit zwei oder drei Mitspielern. Der kleine runde Stein liegt in einem Zielfeld. Die Spieler stellen sich drei Meter davor auf und werfen ihren Stein.
Für jeden Stein, den eine Mannschaft näher an den kleinen runden Stein heranbringt als die andere, erhält sie einen Punkt.

Gewonnen hat die Mannschaft, die als erste zwölf Punkte erreicht.

Detektive

Wer sind diese Detektive?

1

2

4

3

5

1 Schau dir die Bilder an. Welche Detektive erkennst du?
Was weißt du über sie?

- Bilder betrachten
- Vorwissen aktivieren
- Erzählen und zuhören

Detektive in Büchern, Filmen und Hörbüchern

A **Die ersten Drei-???-Detektivgeschichten** hat der amerikanische Autor Robert Arthur vor über 50 Jahren geschrieben. In den Detektivgeschichten ermitteln die drei Jugendlichen Justus, Peter und Bob. Der Schrottplatz von Justus' Onkel und Tante ist ihr Treffpunkt.
Andere Autoren haben später nach diesem Vorbild Geschichten für jüngere Kinder geschrieben: **Die drei ??? Kids** (→ siehe Seite 126/127).

B **Sherlock Holmes** ist einer der berühmtesten Detektive. Der britische Schriftsteller Sir Arthur Conan Doyle hat vor über 100 Jahren (1887) diese Figur mit Pfeife und Lupe erfunden. Sherlock Holmes löst seine Fälle mit großer Klugheit, und er ist ein Meister im Kombinieren. Doktor Watson ist sein treuer Freund und Helfer.

C **Kwiatkowski** ist Schüler. Er ist immer auf der Suche nach neuen Fällen, in denen er als Privatdetektiv arbeiten kann. Seine Lieblingskaugummis helfen ihm beim Denken und Kombinieren. Jürgen Banscherus ist der Autor dieser Geschichten (→ siehe Seite 122–124).

D **Kalle Blomquist** will später unbedingt Detektiv werden. Wenn er einen Kriminalfall bearbeitet, ist er – wie sein großes Vorbild – mit Lupe und Pfeife unterwegs. In der Pfeife qualmt zwar kein Tabak, aber sie soll ihm helfen, seine Fälle zu lösen. Astrid Lindgren hat diesen jungen Detektiv erfunden.

1 Welcher Text gehört zu welchem Detektiv auf Seite 116?

2 Wer ist das große Vorbild von Kalle Blomquist?

3 Wer sind die Detektive auf Bild 2?
Recherchiere im Internet bei *www.fragfinn.de*
mit dem Suchbegriff **Detektive**.

Was macht eigentlich ein Detektiv?

Judith Féaux de Lacroix

Detektiv – das hört sich spannend an: Spuren suchen, Täter verfolgen, Verbrechen aufklären, so oder ähnlich kennt ihr die Arbeit von Detektiven vielleicht aus Filmen oder Büchern, von Sherlock Holmes, den Drei Fragezeichen oder TKKG. Doch der Detektiv Eric Hartung winkt ab: „Ein Großteil meiner Arbeit besteht aus Warten – und das kann ganz schön langweilig sein."

Hartung arbeitet seit neun Jahren als Detektiv. Oft sitzt er stundenlang an seinem Schreibtisch – so lange, bis das Telefon klingelt. „Wir warten auf Aufträge, wie die Feuerwehrleute auf einen Brand", erklärt er. Wenn ein Auftrag kommt, muss Hartung sofort einsatzbereit sein, so wie ein Arzt, der zu einem Notfall gerufen wird. Und dann wird aus der langweiligen Warterei plötzlich eine spannende Sache. „Man weiß nie, was einen erwartet. Da ist schon Nervenkitzel dabei."

Das Wort Detektiv kommt aus dem Lateinischen: „Detegere" heißt so viel wie „aufdecken, entdecken". Ein Detektiv soll also etwas aufdecken, zum Beispiel, dass jemand etwas tut, was nicht erlaubt ist. Meistens arbeitet Eric Hartung für Firmen, die etwas über ihre Mitarbeiter herausfinden wollen.

„Ein Einsatz kann drei Tage dauern, aber auch drei Monate", sagt der Detektiv. Das heißt, Hartung ist manchmal wochenlang nicht zu Hause.

Oft muss Eric Hartung jemanden beschatten, also beobachten. Dabei darf er natürlich nicht erwischt werden. Der Detektiv nimmt manchmal seinen Hund mit, wenn er jemanden beschattet. „Das ist unauffälliger", sagt er.

1 Schreibe mindestens drei Dinge auf, die du über den Beruf des Detektivs erfahren hast.

1. Detektive suchen …

- Informationen entnehmen
- Wissenszuwachs dokumentieren

▶ Lernen: S. 152

Die verschwundene Brosche

Sabine Kalwitzki

Frau Krause kniet im Blumenbeet und sucht etwas. Jede Blume und jeden Grashalm biegt sie zur Seite. Da kommt Basti. Er mag Frau Krause gern. „Ach Basti, siehst du vielleicht meine silberne Brosche?“, fragt Frau Krause.

Was ist denn eine Brosche?

„Ich glaube, ich habe sie mit den Krümeln auf der Tischdecke zum Fenster hinausgeschüttelt.“ Basti sucht alles ab. Aber die Brosche findet er nicht. „Wann haben Sie denn die Brosche zuletzt gesehen?“, fragt er Frau Krause – genau wie ein echter Detektiv. Frau Krause überlegt: „Als ich vorhin gelüftet habe, lag die Brosche noch auf dem Tisch. Später habe ich die Tischdecke aus dem Fenster geschüttelt und die Brosche wahrscheinlich gleich mit.“

Basti schaut sich im Garten um. Ganz oben im hohen Baum hat eine Elster ihr Nest gebaut. Da kommt Basti ein Gedanke.

Was könnte Basti denken?

Wie der Blitz rennt er in sein Zimmer und sucht nach dem Fernglas. Basti setzt sich ans Fenster und beobachtet die Elster im Nest. Für einen kurzen Moment, als die Elster gerade davonfliegt, blitzt und blinkt es im Vogelnest. „Ich weiß jetzt, wo die Brosche ist!“, ruft er Frau Krause zu. „Die Elster hat sie stibitzt! Elstern lieben nämlich alles, was glitzert.“ Auf einer langen Leiter klettert Bastis Papa zum Elsternnest und holt die Glitzerbrosche zurück. Frau Krause freut sich sehr: „Gut gemacht, Basti! Das war echte Detektivarbeit!“

1 Lies den Text Abschnitt für Abschnitt.
Stoppe bei jeder Sprechblase und beantworte die Frage.

- Informationen entnehmen
- Fragen beantworten
- Zusammenhänge herstellen

▸ Märchen: S. 172/173
▸ Hör-CD: Nr. 2/12
▸ Werkstatt-Heft Lesen: S. 42/43

Die Geheimbotschaft

Jürg Obrist

Die beiden Detektive Kalle Bohne und Gitte Gurke lösen gerne knifflige Fälle. Das weiß auch die Polizei.

Waldo und Fimmel haben sich mit gefälschten Schecks wieder einmal eine schöne Stange Geld ergaunert. Gleich nach ihrer Aktion trennen sie sich, um nicht erwischt zu werden.

Fimmel taucht bei seiner Großmutter unter, Waldo bringt die Beute noch in ein sicheres Versteck, dann verschwindet auch er. Wie vereinbart lässt er Fimmel etwas später eine wichtige Mitteilung in Geheimschrift zukommen. Kurz darauf wird Fimmel aber von der Polizei erwischt, die bei ihm Waldos Botschaft entdeckt.

Weil die Polizisten mit den wirren Zeichen nichts anfangen können, rufen sie Kalle und Gitte zu Hilfe. Sie erstellen einen Schlüssel, knacken den Code und sind bereits unterwegs, um das Geld sicherzustellen. Wer die Botschaft entschlüsselt, der weiß, wo sie suchen werden!

1 Arbeitet zu zweit.
Findet heraus, was diese Wörter bedeuten:

ergaunern   erwischen   untertauchen
Schlüssel erstellen   Code knacken

2 Was steht auf Waldos Zettel?
Entziffert die Geheimbotschaft mithilfe des Schlüssels rechts.

- Informationen entnehmen
- Zusammenhänge herstellen
- Begriffe klären

▸ A wie Anfang: S. 14
▸ Texte verstehen: S. 152

Ein neuer Fall für Kwiatkowski

Jürgen Banscherus

Als Kwiatkowski sich am Kiosk bei Olga einen Carpenter's Kaugummi kauft, lädt sie ihn noch zu einer Limo ein. Die beiden unterhalten sich.

„Arbeitest du eigentlich gerade an einem neuen Fall?“, wollte Olga wissen.
Ich schüttelte den Kopf. Der Fall mit dem Monster im Stadttheater lag einen Monat zurück. Es wurde langsam Zeit, dass ich wieder etwas zu tun kriegte.
„Vielleicht kann ich dir einen beschaffen“, sagte Olga.

So erfuhr ich, dass sie einen neuen Stammkunden hatte. Der Mann kaufte zweimal in der Woche kubanische Zigarillos bei ihr. Wie bei Olga üblich, war sie schnell mit ihm ins Gespräch gekommen. Dabei hatte sie erfahren, dass er erst vor Kurzem in unseren Stadtteil gezogen war.
„Er wohnt mit seiner Frau und seinem Sohn in einer Villa in der Nähe des Elisabeth-Krankenhauses“, sagte sie.
„Aha“, sagte ich, nur mäßig interessiert.
„Und wofür braucht er einen Detektiv? Werden ihm die Zigarillos geklaut?“
„Er hat einen Sohn“, antwortete sie.
„Das haben viele.“
„Dem Jungen geht's nicht gut, sagt sein Vater“, fuhr Olga fort.
„Er redet kaum noch und verkriecht sich in seinem Zimmer. Raus geht er gar nicht mehr. Dabei ist er immer ein fröhliches Kind gewesen“, berichtete Olga.
„Dafür braucht man keinen Detektiv“, sagte ich. „Dafür braucht man einen Psycho... Psycho...“
„Psychologen“, half mir Olga. „Genau das hat der Kunde auch gesagt. Ich habe ihm klargemacht, dass ich jemanden kenne, der sich um den Fall kümmern kann. Vielleicht findest du ja heraus, warum sich der arme Junge verkriecht.“

„Geht der Knabe noch zur Schule?“

„Ja. Sein Vater hat mir erzählt, dass er deine Wilhelm-Busch-Schule besucht.“

In mir stieg ein Verdacht hoch.

„Heißt der Junge etwa Wendelin?“ fragte ich.

„Bist du unter die Hellseher gegangen, Kwiatkowski?“, rief Olga.

Ich grinste. „Was hat sein Vater noch gesagt?“, fragte ich.

„Nichts!“ Olga goss mir ein weiteres Glas Limo ein.

„Was ist, Kwiatkowski? Übernimmst du den Fall?“

„Ungern“, antwortete ich.

„Warum?“

„Ich glaube nicht, dass Wendelin einen Detektiv braucht. Manchmal lachen die anderen ihn zwar aus. Und an seinem Geburtstag ist ein bisschen was kaputtgegangen. Aber sonst war nichts. Am besten geht er gleich zum Psychodingsbums.“

Ich fragte mich, warum Olga die Geschichte so wichtig war. Hatte sie sich etwa in Wendelins Vater verknallt?

„Du bekommst zehn Päckchen Carpenter's, wenn du rauskriegst, was mit Wendelin los ist“, sagte sie.

Damit griff sie hinter sich und legte drei Päckchen vor mich auf die Theke. „Damit du von Anfang an vernünftig kombinieren kannst.“ Ich steckte die Kaugummis in eine der 17 Taschen meiner Weste. Zehn Päckchen – bei einem solchen Honorar konnte ich einfach nicht Nein sagen.

„Du hast gewonnen, Olga“, sagte ich.

Mit einem breiten Lächeln schob sie mir einen Zettel über die Theke. „Das ist die Handynummer von Wendelins Vater. Ich soll dir bestellen, dass du ihn jederzeit anrufen kannst. Tag und Nacht.“

Am nächsten Tag schrieben wir ein Diktat, ich musste noch ein bisschen üben. Während ich an meinem Schreibtisch saß und am Bleistift kaute, kam mir immer wieder Wendelin in den Sinn. Der Junge war zwar ein bisschen seltsam, aber er hatte keinem was getan. Im Gegenteil. Wer also sollte einen Grund haben, ihn fertigzumachen?

Ich ging zum Kühlschrank, goss mir ein Glas Milch ein und legte mich aufs Bett. Dann ließ ich Wendelins Geburtstag vor meinem geistigen Auge ablaufen. Alles war friedlich gewesen, bis die Spiele begonnen hatten. Dann hatten Hannes, Kai und Maik die Feier in ein einziges Chaos verwandelt. Hannes, Kai und Maik – war nicht noch jemand dabei gewesen? Erst als ich mir ein frisches Carpenter's zwischen die Zähne steckte, erinnerte ich mich. Die Vierte im Bunde war Angelina gewesen. Angelina, die wütend werden konnte wie sonst niemand in meiner Klasse. Was war, wenn der Geburtstag kein Einzelfall gewesen war? Was war, wenn es die vier von Anfang an nicht dabei belassen hatten, sich über Wendelin lustig zu machen? Was war, wenn sie die anderen gegen ihn aufhetzten? Was war, wenn sie daran schuld waren, dass sich Wendelin kaum noch auf die Straße traute?

„Ich muss mit dir reden", sagte ich zu Wendelin. Die große Pause hatte gerade begonnen.

„Was ist denn los?", fragte er, während ich ihn zum Mäuerchen in der Nähe der Müllcontainer zog.

Ich beschloss, nicht lange um den heißen Brei herumzureden.

„Hast du Probleme mit Hannes und seinen Freunden?", fragte ich.

Er zögerte einen Moment. „Nein", antwortete er dann.

„Fandest du in Ordnung, was an deinem Geburtstag passiert ist?"

„Nein."

„Ich auch nicht. Haben die vier danach noch mal so einen Mist gebaut?", fragte ich weiter.

Wieder zögerte er. „Nein", flüsterte er schließlich, ohne mich dabei anzusehen.

1 Welches Problem muss Kwiatkowski in seinem neuesten Fall lösen?

2 Lies, wie die Geschichte weitergeht.

Fingerabdrücke

Sandra Goller, SWR

Der Computer ist mal wieder nicht ausgeschaltet und niemand will es gewesen sein? Für einen Detektiv wäre dieser Fall leicht zu lösen, denn auf allen Dingen, die wir anfassen, hinterlassen wir Spuren: Fingerabdrücke. Jeder Fingerabdruck ist einmalig. Selbst bei Zwillingen unterscheiden sich die Linien auf den Fingerkuppen. Und egal, wie alt ein Mensch ist – das Muster bleibt dasselbe. Deshalb sucht die Polizei nach Fingerabdrücken, wenn sie Personen identifizieren möchte.

In Deutschland spielen Fingerabdrücke bei der Aufklärung von Verbrechen seit 1903 eine wichtige Rolle. Daran hat sich bis heute nichts geändert – inzwischen gewinnt der Fingerabdruck aber auch in anderen Bereichen an Bedeutung:

Seit dem 1. November 2007 werden Fingerabdrücke auch auf dem Reisepass gespeichert. Dieser elektronische Reisepass, „ePass“ genannt, soll ganz sicherstellen, dass Pass und Person auch wirklich zusammengehören.

1 Welche beiden Aussagen sind richtig?

a) Der Fingerabdruck verändert sich im Laufe des Lebens.
b) Fingerabdrücke werden im ePass gespeichert.
c) Zwillinge haben gleiche Fingerabdrücke.
d) Fingerabdrücke helfen der Polizei beim Finden von Tätern.

2 Finde heraus, wie du einen Fingerabdruck sichtbar machen kannst.

- Informationen entnehmen
- Aussagen überprüfen
- Recherchieren

▸ Lernen: S. 144

Die drei ??? Kids: Schrotträtsel

Ulf Blanck

Onkel Titus sah seinen Neffen herausfordernd an, dann legte er ihm die Hand auf die Schulter. „Na schön, du Meisterdetektiv. Sehen wir doch mal, ob du bei einem anderen Fall genauso scharf kombinieren kannst. Kommt mal mit, ich will euch etwas zeigen!“

Onkel Titus führte die drei Freunde zu einer großen grünen Plane am Rande des Schrottplatzes. „Helft mir mal das Ding wegzuziehen!“, sagte er und packte die Plane. Stück für Stück kam ein völlig zerstörtes Schrottauto zum Vorschein.

„Oh, Mann, wie ist denn das passiert?“, rief Peter entsetzt.

„Tja, das müsst ihr herausfinden. Der Wagen steht hier schon seit einer Ewigkeit herum. Wie ist es: Schafft ihr es, dem Autowrack sein Geheimnis zu entlocken?“

Diese Herausforderung mussten die drei ??? natürlich annehmen. Ein solches Rätsel war ganz nach ihrem Geschmack, denn schließlich waren unbeantwortete Fragen ihr Spezialgebiet.

„Gut, wir übernehmen den Fall“, sprach Justus mit ernster Miene und Onkel Titus ging grinsend zurück auf die Veranda. Sofort machte sich das jüngste Detektivteam der Welt ans Werk und sie begannen mit ihrer Untersuchung.

Die gesamte vordere Hälfte des Autos war völlig zusammengedrückt. Die Motorhaube lag wie eine Ziehharmonika gefaltet direkt vor der zersplitterten Windschutzscheibe.

„Das sieht aus, als sei der Wagen mit 100 gegen eine Wand geknallt.“ Peter musterte das Wrack unbehaglich.

Bob warf vorsichtig einen Blick ins Innere. „Man kann froh sein, dass keiner im Auto saß."

„Woher willst du das wissen?", fragte Peter.

Justus sah von der anderen Seite in den Wagen. „Wahrscheinlich hat Bob das Gleiche entdeckt wie ich. Die Gurte sind alle zurückgerollt. Die Türen sind verschlossen und der Schlüssel steckt nicht."

„Vielleicht war das Ding ferngesteuert?", überlegte Peter und rüttelte an der Tür.

Justus knetete seine Unterlippe und betrachtete die eingedrückte Vorderseite. „Wenn der Wagen gegen eine Wand gekracht ist, dann gegen keine aus Stein. Hier vorne kleben lauter Erdklumpen und vertrocknete Grasbüschel. Als ob das Ding vom Himmel auf eine Wiese gefallen ist."

„Vom Himmel gefallen?", wiederholte Bob ungläubig. „Dann ist es eindeutig ein UFO. Alles Unsinn mit den fliegenden Untertassen. Die Marsmenschen haben genau die gleichen Fahrzeuge wie wir."

Peter und er kringelten sich vor Lachen.

Justus fand das nicht lustig. „Werft lieber einen Blick auf die Handbremse. Die ist nicht angezogen und der Ganghebel steht auf Leerlauf."

„Stimmt, der Wagen konnte so einfach wegrollen", stellte auch Peter fest. Die drei ??? hockten sich auf die Gasflasche und berieten.

1 Überlegt zu zweit.
Was ist wohl mit dem Auto passiert?

Hier das Ergebnis der Beratung der drei ???:

„Also, wir glauben, dass sich die Geschichte so zugetragen hat: Jemand stellte diesen Wagen an einer geneigten Straße ab. Er oder sie verschloss die Tür und ging einkaufen oder so was. Leider vergaß diese Person die Handbremse zu ziehen und den Gang einzulegen. Das Auto begann zu rollen, donnerte die Straße runter und muss dann von einer Brücke oder so ähnlich direkt auf eine Wiese gefallen sein."

Übungskiste

Ein Fantasiewort entschlüsseln

Die Exebu

Wir alle haben eine Exebu.
Aber nicht alle sind mit ihrer Exebu zufrieden.
Umtauschen kann man sie allerdings nicht.
Wir haben unsere Exebu immer dabei.
Wichtig an ihr sind die Löcher.
Ab und zu sind sie verstopft.
Man kann die Exebu in vieles hineinstecken.
Ohne unsere Exebu sähen wir alle ganz anders aus.
Manche Menschen bohren in ihrer Exebu.
Viele Tiere haben auch eine.
Hunde haben eine besonders gute Exebu.
Fasst du dir mitten ins Gesicht, hast du die Lösung.

1 Lies den Text Zeile für Zeile.
Überlege bei jedem Satz,
was das Fantasiewort bedeuten könnte.

2 Lies den Text zu Hause vor und lass andere raten,
was gemeint ist.

3 Schreibe selbst einen Rätseltext mit einem Fantasiewort.

- Ein semantisch passendes Wort finden
- Schreibmuster nutzen

▸ A wie Anfang: S. 10

Ideenkiste

Geheime Schriften

Du kannst deinen Freunden geheime
Botschaften schreiben, ohne dass andere sie lesen können.
Voraussetzung: Nur der Empfänger kennt den geheimen Code.

Vokal-Code: Wur truffun uns uuf dum Spuulplutz.
Ersetze alle Vokale durch ein **u** oder einen anderen Vokal.
Schwerer wird es, wenn du auch noch die Lücken zwischen den Wörtern weglässt:
WartraffanansaafdamSpaalplatz.

Trenn-Code: Se henw irun smor genu mfü nfuh rams ee?
Reihe die Wörter aneinander und trenne sie an falschen Stellen.

Zahlen-Code: 13,5,9,14 14,1,13,5 9,19,20 5,13,9,12
Schreibe zuerst die 26 Buchstaben des Alphabets mit Abstand nebeneinander und dann die Zahlen von 1 bis 26 unter die Buchstaben.
Dein Partner braucht natürlich die gleiche Liste.

A	B	C	D	E	F	G	H	I	J	K	L	M	N	O	P	Q	R	S	T	…
1	2	3	4	5	6	7	8	9	10	11	12	13	14	15	16	17	18	19	20	…

Drei weitere Beispiele für Geheimschriften findest du auf den Seiten 120/121, auf Seite 127 (Spiegelschrift) und auf den Seiten 88–91.

1 Verständigt euch zu zweit auf einen geheimen Code.
Einer schickt eine Nachricht, der andere beantwortet sie.

- Informationen entnehmen
- Zusammenhänge herstellen
- Geheimschrift verwenden

▸ Bücher: S. 88–90
▸ Das Jahr: S. 115
▸ Gefühle: S. 141

Gefühle

Wie fühlst du dich?

Aliki

1 Stelle ein Gefühl pantomimisch dar.

- Einer Text-Bild-Kombination Informationen entnehmen
- Szenisch spielen

- Ich – du – wir: S. 19
- Darstellendes Spiel: S. 185

Gefühle? Gefühle!

Sonja Romahn

Ganz egal, ob man ein Kind oder ein Erwachsener ist, ob man hier lebt oder weit weg: Alle Menschen haben von Geburt an die gleichen Gefühle. Wir sind mal wütend oder auch mal traurig, haben manchmal Angst, oder wir freuen uns. Der einzige Unterschied ist, wie deutlich wir unsere Gefühle zeigen dürfen. Das lernen wir von unseren Eltern und auch von anderen wichtigen Menschen unserer Umgebung, zum Beispiel Freunden, Nachbarn oder auch Lehrern.

Gefühle sind sehr wichtig. Sie helfen dir, dich selbst und die Welt um dich herum zu verstehen. Wenn du zum Beispiel wütend bist, ist das ein Hinweis darauf, dass gerade etwas passiert, das dir nicht gefällt. Dein Gefühl sagt dir: „Ich finde es falsch, was hier passiert!“ Und plötzlich hast du genug Mut, um deine Meinung zu sagen oder etwas anzusprechen, das du ändern möchtest.

Wir brauchen Gefühle auch, damit wir Menschen uns untereinander besser verstehen können. Wenn ein Kind aus deiner Klasse weint oder sagt: „Ich bin traurig“, dann weißt du genau, wie sich das anfühlt. Du verstehst sehr gut, wie es diesem Kind jetzt geht und kannst es besser trösten und ihm helfen.

1 Arbeitet zu dritt. Stellt euch Fragen zum Text.

2 Warum warst du schon mal wütend, fröhlich oder traurig?

3 Was bedeutet **Gefühle sind ansteckend**?

- Fragen formulieren
- Über Gefühle sprechen
- Textstellen klären

▸ Ich – du – wir: S. 28/29
▸ Texte verstehen: S. 158, 161
▸ Werkstatt-Heft Lesen: S. 28/29

Was ist Glück?

Elke Loewe

Piggeldy wollte wissen, was Glück ist.

„Frederick“, fragte Piggeldy seinen großen Bruder, „Frederick, sag mir, was Glück ist.“

„Nichts leichter als das“, antwortete Frederick, „komm mit.“

Piggeldy folgte Frederick.

Sie liefen auf dem Deich hintereinander her und die Vögel sangen und in den Weiden sauste der Wind. „Das Glück ist stets bei den Mutigen, die vorangehen“, sagte Frederick.

„Aha“, sagte Piggeldy, rannte nach vorn und ging nun als Erster. Frederick folgte Piggeldy.

„Und wo finden wir das Glück?“, fragte Piggeldy.

„Wart‘s ab“, sagte Frederick.

„Immer warten“, maulte Piggeldy.

„Glück kommt und geht“, sagte Frederick.

„Hast du ihm etwa Beine gemacht?“, fragte Piggeldy.

„I wo!“, sagte Frederick. „Glück hat keine Beine.“

„Was hat Glück dann, wenn es keine Beine hat?“, fragte Piggeldy.

„Glück hat manchmal vier Blätter“, sagte Frederick geheimnisvoll.

„Nur vier Blätter?“, fragte Piggeldy enttäuscht.

„Nur vier Blätter“, antwortete Frederick bestimmt.

„Die Weide da hat aber Millionen Blätter, du Dösbaddel!“, rief Piggeldy.

Er fiel vor Lachen den Deich hinunter, zog Frederick mit sich und beide landeten mit dem Maul im Gras.

„Ich hab echt die Schnauze voll von deinen blöden Erklärungen!“, jammerte Piggeldy.

„Oh! Du hast ein vierblättriges Kleeblatt gefunden!“,

brummte Frederick mit vollem Maul.
„Und du auch!“, nuschelte Piggeldy.

„Schwein gehabt!“, rief Frederick begeistert.
„Was hat Schwein gehabt?“, fragte Piggeldy.
„Glück“, sagte Frederick versonnen.
Der Wind sang in den Halmen
und die Grashüpfer hüpften im Gras.
„Wie schöön!“, freute sich Piggeldy.

„So einfach kann Glück sein.
Schnauze voll und schon ist es da!“
„Manchmal“, sagte Frederick,
„muss man sie eben voll haben,
um das Glück zu erkennen.“
„Genau“, sagte Piggeldy zärtlich.
„Du hast Glück, dass ich dein kleiner Bruder bin,
sonst müsstest du immer einsam und allein
durch die Gegend laufen.“

Und Piggeldy ging mit Frederick nach Hause.

1 Was macht Piggeldy und Frederick glücklich?

2 Was macht dich glücklich?
Gestalte dazu eine Seite in deinem Portfolio.

3 Recherchiere zum Thema **Glücksbringer**.

Das große Schimpfgedicht

Ilona Bodden

Ach, wie bin ich heute wütend,
böse bin ich, wild und toll,
schimpfen will ich, dass die Türe
und die Decke wackeln soll.
Schafskopf, Ochse, Esel, Schwein,
Rindvieh, Trottel, Knickebein!

Morgens ließ mich in der Klasse
unser Lehrer nicht in Ruh –
oh, wie ich das Rechnen hasse
und das Schreiben noch dazu.
Sabbelheini, Hundedreck,
Vogelscheuche, Kinderschreck!

Ich verlor die neue Mütze,
ich verstauchte mir das Bein,
und mein Ball flog in die Pfütze,
pfui, das finde ich gemein!
Blödmann, Prahlhans, Riesengroß,
Tollpatsch, Trampel, Trauerkloß!

1 Welche Wörter sind für dich Wutwörter?
Sprich sie ein paar Mal wütend.

2 Arbeitet zu dritt.
Jeder liest eine Strophe vor, die anderen lesen leise mit.
Wenn eines deiner Wutwörter kommt,
sprich es laut und wütend mit.

3 Übt euren Vortrag und präsentiert ihn.

- In der Gruppe arbeiten
- Einen Gedichtvortrag üben und präsentieren

▸ Lernen: S. 148
▸ Gedichte: S. 179
▸ Darstellendes Spiel: S. 185
▸ Hör-CD: Nr. 2/16

Die Mutprobe

Marliese Arold

Dort, wo die Straße aufhört, führt ein schmaler Feldweg bergab.

„Du traust dich nie, da runterzufahren!“, meinte Leo. „Wetten, dass du dir vor lauter Angst in die Hose machst?“

Marco ärgerte sich. Klar, sein Freund Leo fuhr viel besser Inline-Skates als er. Und der Feldweg war zwar geteert, aber voller Schlaglöcher. Er sah verflixt steil aus.

„Feigling“, spottete Leo.

„Ich bin kein Feigling“, behauptete Marco.

„Dann beweis es doch.“ Leo grinste.

Marco zögerte. Es kribbelte in seinem Bauch, wenn er hinunterguckte. Unten machte der Feldweg einen Bogen nach links. Linkskurven schaffte Marco schon ganz gut.

„Na gut“, murmelte er. „Ich tu’s.“

Sein Mund war ganz trocken. Er überzeugte sich, dass seine Schützer und der Helm richtig saßen. Wenn er bloß schon unten wäre! Doch ein Zurück gab es jetzt nicht mehr, wenn er sich nicht blamieren wollte. Marco holte tief Luft und fuhr los.

Die Skates gewannen an Tempo, wurden schneller und schneller. Marco wusste nicht, wie ihm geschah. Unheimlich!

In der Aufregung hatte Marco vergessen, wie man bremst.

Er biss vor lauter Angst die Zähne zusammen. Im letzten Moment konnte er einem Schlagloch ausweichen.

Dann war er unten, aber er hatte so viel Tempo, dass er die Linkskurve nicht packte, sondern geradeaus weitersauste. Er holperte übers Gras. Als er sich wunderte, dass er überhaupt noch auf den Skates stand, gab es einen Ruck, und er flog nach vorne ins Gebüsch. Mitten in die Brombeeren!

Marco heulte vor Wut, Schreck und Erleichterung.

„Hast du dir wehgetan?“, schrie Leo von oben. Seine Stimme klang jetzt besorgt.

1 Wie fühlt sich Marco vor, während und nach der Mutprobe? Woran erkennst du, wie er sich fühlt?

- Informationen entnehmen
- Eine Perspektive einnehmen
- Gefühle beschreiben

▸ Märchen: S. 168

Angst

Moni Port

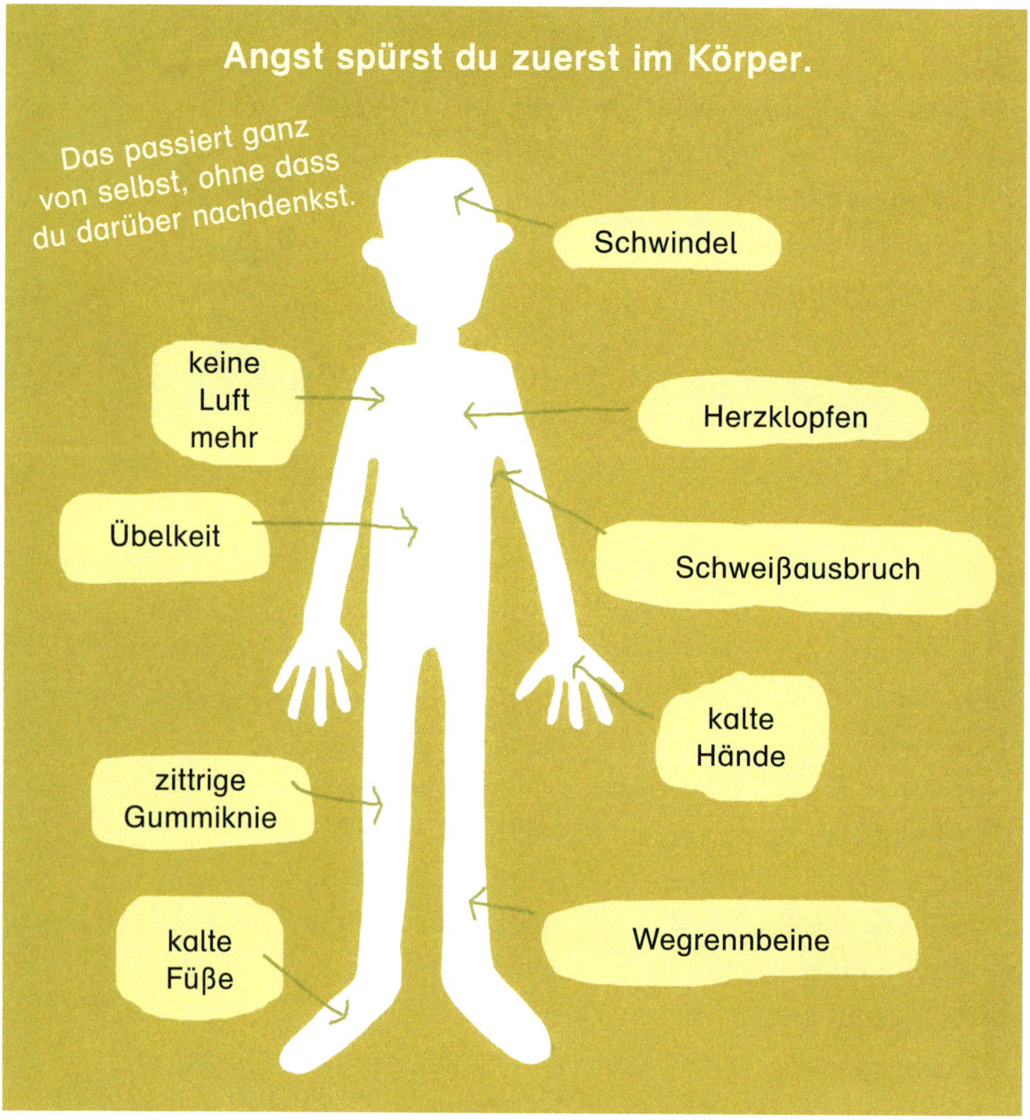

1 Arbeitet zu zweit.
- Schaut euch die Grafik an und erklärt sie euch gegenseitig.
- Wie oder wo habt ihr schon mal Angst gespürt?

2 Macht eine Umfrage in der Klasse zu der Frage
Wovor hast du schon einmal Angst gehabt?
Stellt das Ergebnis vor.

- Informationen entnehmen
- Gefühle beschreiben
- Eine Umfrage machen

- Essen und Trinken: S. 51
- Bücher: S. 93
- Fachwörter: S. 193–197
- Werkstatt-Heft Lesen: S. 18/19, 28/29

Sabine

Marianne Kreft

Wenn Sabine Hunger hat, dann sagt sie:
Ich habe Hunger.
Wenn Sabine Durst hat, dann sagt sie:
Ich habe Durst.
Wenn Sabine Bauchweh hat, dann sagt sie:
Ich habe Bauchweh.
Dann bekommt sie zu essen,
zu trinken und auch
eine Wärmflasche auf den Bauch.
Und wenn Sabine Angst hat,
dann sagt sie nichts.
Und wenn Sabine böse ist,
dann sagt sie nichts.
Niemand weiß,
warum Sabine Angst hat.
Niemand weiß,
warum Sabine böse ist.
Niemand kann Sabine verstehen
und niemand kann Sabine helfen,
weil Sabine
nicht über Sabine spricht.

1 Was sagt Sabine, was sagt sie nicht?

2 Warum ist es oft leichter zu sagen
Ich habe Hunger
als zu sagen
Ich habe Angst?

3 Arbeitet zu zweit.
- Was könnte Sabine alles sagen, wenn sie Angst hat?
- Was könnte sie sagen, wenn sie böse ist?

- Informationen entnehmen
- Eine Perspektive einnehmen
- Zusammenarbeiten

Kiki

Antje Damm

An einem ganz normalen, grauen Tag im November endete die Geschichte mit Kiki und mir genauso schnell, wie sie begonnen hatte. Es kam ein Anruf und Mama nahm den Hörer ab. Und ich merkte gleich, dass etwas nicht stimmte, denn sie guckte so erschrocken gegen die Wand und sagte sehr lange nichts, was bei Mama an sich schon ungewöhnlich ist. Dann hörte ich nur, wie sie dauernd „Oh Gott!“ sagte. Immer und immer wieder. Sie fuchtelte so komisch mit der Hand rum, was wohl bedeutete, dass ich verschwinden sollte. Ich verkrümelte mich in mein Zimmer und war sauer. Irgendwas war passiert und Mama wollte nicht, dass ich es mitbekam. Also wartete ich ungeduldig.

Dann kam sie rein und weinte. Ich hatte Mama schon ein paarmal weinen gesehen und meist war dann was Schlimmes passiert. Sie nahm mich auf den Schoß und sagte: „Kikis Papa hat angerufen. Kiki liegt im Krankenhaus, sie ist von einem Mofa angefahren worden und jetzt ist sie ganz doll verletzt und liegt im Koma.“
„Was ist ein Koma?“
„Das ist, wenn man schläft und nicht mehr wach wird, oder vielleicht ja doch ... Hoffentlich! Ach, ich weiß auch nicht.“
Mama sah ratlos aus und die Tränen kullerten ihr die Backe runter. Ich nahm sie in den Arm und drückte sie fest an mich. Ich verstand nur, dass Kiki krank war. Schlimm krank. Ganz schlimm krank.

Dann holte ich die Malsachen und fing an, ein Bild für sie von uns beiden zu malen, wie wir mit Gummistiefeln über die Äcker stapften und Archäologen waren.

Ich würde ihr einfach ein ganz tolles Krankenpäckchen packen. Mit lauter Sachen drin, die sie sich bestimmt wünschen würde. Das hilft, dachte ich.

Abends fuhren meine Eltern mit einem großen Pott Suppe zu Kikis Eltern. Die waren anscheinend so traurig, dass sie nicht mal was zu essen machen konnten.
Mich nahmen sie nicht mit. Ich musste auf meine Brüder aufpassen.

Am nächsten Tag musste ich trotzdem in die Schule gehen. Alle fragten mich nach Kiki, aber ich wusste nicht, was ich erzählen sollte.
Und außerdem konnte ich eh nicht reden, weil ich die ganze Zeit heulen musste. Die Lehrerin rief schließlich meine Eltern an, damit sie mich abholten.
Dann vergingen drei Tage. Drei lange Tage. Ich musste nicht in die Schule, das war gut.
Deshalb hatte ich viel Zeit und konnte ein wunderschönes Krankenpäckchen für Kiki basteln.
„Mama, kann ich jetzt endlich mal ins Krankenhaus zu Kiki?“, fragte ich.
Ich spürte, dass ich sie ziemlich nervte, aber ich wollte das Päckchen doch endlich zu ihr bringen, damit sie schnell wieder gesund würde.
Mama zuckte nur mit den Schultern und guckte mich traurig an. Keiner erklärte mir was.

Dann kam wieder ein Anruf und Mama fing wieder an zu weinen. An diesem Abend sagten mir meine Eltern, dass Kiki gestorben sei.

1 Was ist Kiki zugestoßen?

2 Wie will das Kind in der Geschichte Kiki helfen, gesund zu werden?

3 Wie fühlt sich die Erzählerin am Ende der Geschichte? Erkläre.

▸ Informationen entnehmen
▸ Eine Perspektive einnehmen
▸ Gefühle beschreiben

▸ Ich – du – wir: S. 22, 24/25 ▸ Hör-CD: Nr. 2/17

Übungskiste

Sätze sinnvoll ergänzen

Tom kommt zu spät zur Schule und weint, weil …

A sein Platz noch frei ist.
M er seine Mütze verloren hat.
G die Sonne in den Raum scheint.
U zwei Kinder sein Versteck kaputt gemacht haben.

Vivian hüpft vor Freude und Aufregung auf und ab, denn …

T sie geht gleich mit ihren Freunden ins Kino.
I es gibt Rosenkohl und den mag sie überhaupt nicht.
D sie ist wütend auf ihren großen Bruder.
P sie hat gerade ein Geschenk bekommen.

Juli ballt vor Wut ihre Fäuste, weil …

U sie heute Geburtstag hat.
N ihr bester Freund heute zu Besuch kommt.
R ein Mädchen aus ihrer Klasse sie immer ärgert.
O ihr kleiner Bruder viel mehr Geschenke bekommt als sie.

Ben wird vor Angst ganz schwindelig, als …

B er das lange Gedicht vor allen auswendig aufsagen soll.
Ä er mit seinen Freunden im Park spielt.
S ihm die Nachbarin zwei Euro schenkt.
E drei große Kinder ihm plötzlich den Weg versperren.

1 Wie gehen die Sätze weiter?
Immer zwei Möglichkeiten stimmen.
Die Buchstaben vor den richtigen Sätzen ergeben ein Lösungswort.

- Eine Perspektive einnehmen
- Gefühle erkennen
- Sätze sinnvoll ergänzen

▸ Werkstatt-Heft Lesen: S. 9

Ideenkiste

Gefühle raten

Gefühle darzustellen und zu erkennen, macht viel Spaß.
Alle Kinder können mitmachen.

Ihr braucht:
Stift, kleine Zettel

So geht's:

- Überlegt euch alle gemeinsam möglichst viele Wörter für Gefühle, zum Beispiel **traurig**, **fröhlich**, **mutig**, **beleidigt** oder **ängstlich**.
- Schreibt jeweils ein Wort auf einen Zettel.

traurig	fröhlich	mutig	ängstlich

- Überlegt euch nun einen ganz einfachen Satz, beispielsweise **Morgen kommt Luna zu mir.** Merkt ihn euch.
- Jetzt zieht jeder einen Zettel und liest ihn leise für sich.
- Der Reihe nach spricht jeder den Satz mit dem Gefühl, das auf seinem Zettel steht. Setzt dabei Mimik und Gestik ein. Die anderen müssen raten, welches Gefühl gemeint ist.

- Eine schriftliche Anweisung verstehen und durchführen
- Einen Satz gestalten

▶ Texte verstehen: S. 161
▶ Darstellendes Spiel: S. 185
▶ Fachwörter: S. 193–197

Werkstatt: Lernen

Kooperativ arbeiten mit der Ich-du-wir-Methode

Zu einem Thema haben wir oft viele Ideen. Wenn wir miteinander darüber sprechen und zusammenarbeiten, können wir besser lernen.

Wir bilden eine Gruppe von vier Kindern und lesen den Text.

Schritt 1: Allein nachdenken

Jeder von uns arbeitet zuerst allein und denkt über das Thema nach:

- Was weiß ich schon darüber?
- Was verstehe ich nicht?
- Was könnte die Lösung für eine Aufgabe sein?

Zu meinen Gedanken kann ich mir Notizen machen.

Schritt 2: Sich mit einem Partner austauschen

Wir sprechen nun zu zweit miteinander. Dabei ist jeder von uns einmal Sprecher und einmal Zuhörer.

- Was habe ich nicht verstanden?
- Welche Lösungen sind mir eingefallen?
- ...

Gemeinsam finden wir Lösungen für die Aufgabe.

Schritt 3: Sich in der Gruppe austauschen

Wir treffen uns in unserer Vierergruppe, stellen uns unsere Ergebnisse vor und vergleichen sie. Wir einigen uns darauf, wie wir die Ergebnisse vorstellen wollen.

- Eine kooperative Arbeitsform kennenlernen

- Ich – du – wir: S. 18, 24/25
- Alles verändert sich: S. 70
- Das Jahr: S. 94
- Werkstatt-Heft Lesen: S. 62/63

Musst du immer einverstanden sein mit anderen?

Oscar Brenifier

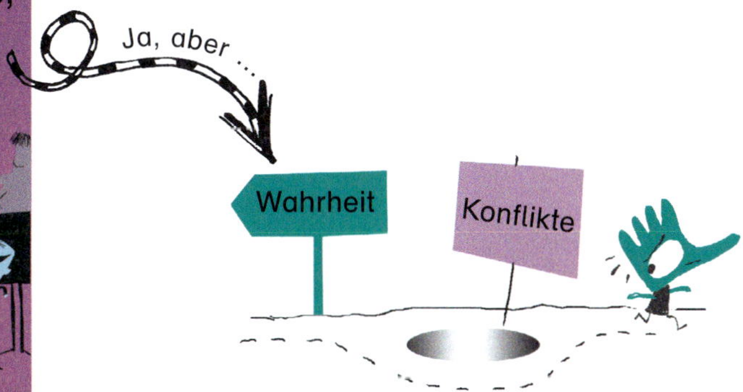

Sollst du auf die Wahrheit verzichten, um Konflikte zu vermeiden?

Kann man nicht unterschiedlicher Meinung sein, ohne sich zu streiten?

Sind Streitigkeiten immer nutzlos?

Kannst du du selbst sein, ohne deine Meinung zu äußern?

1 Arbeitet zu viert nach der Ich-du-wir-Methode von Seite 142. Findet Antworten auf die Fragen.

- Eine Arbeitsform anwenden
- Kooperativ arbeiten
- Ein Gespräch führen

▸ Ich – du – wir: S. 18, 24/25, 28/29, 30/31
▸ Gefühle: S. 135
▸ Werkstatt-Heft Lesen: S. 62/63

Sich Informationen beschaffen

Manchmal habe ich zu einem Thema eine Frage oder ich will noch mehr wissen. Dazu kann ich an verschiedenen Stellen nach Informationen suchen. Das nennt man auch **recherchieren**.

In einem Kinderlexikon nachschlagen

Jemanden fragen

In Sachbüchern oder in Kinderzeitschriften nachlesen

Im Internet mit Hilfe einer Kindersuchmaschine nach Informationen suchen

Einen Film zum Thema anschauen

1 Recherchiere zu einer Erfindung, die dich interessiert und die wichtig für dein eigenes Leben ist. Stelle deine Ergebnisse vor.

- Möglichkeiten der Recherche kennenlernen
- Individuell recherchieren

▸ Wetter: S. 43
▸ Alles verändert sich: S. 75
▸ Meerestiere: S. 60/61, 64/65
▸ Werkstatt-Heft Lesen: S. 66

Ein Portfolio anlegen, führen und präsentieren

Das Portfolio kann eine Sammelmappe, ein Ordner oder eine Schatzkiste sein. In meinem Portfolio sammle ich Arbeiten, die mir besonders gut gefallen und mir wichtig sind.

Schritt 1

Ich sammle Dinge, die zeigen, was ich gelernt habe, zum Beispiel:

- Lesetagebücher
- Ergebnisse von Aufgaben, die ich bearbeitet habe
- Gedanken, die ich aufgeschrieben habe
- Arbeitsblätter
- Urkunden …

Schritt 2

In regelmäßigen Abständen schaue ich mir die Arbeiten in meinem Portfolio noch einmal an.
Ich wähle Arbeiten aus, die mir besonders gut gelungen sind und die zeigen, was ich gelernt habe.

Schritt 3

Ich überlege, warum die ausgewählten Arbeiten besonders wichtig für mich sind.
Ich denke darüber nach, was ich mit diesen Dingen zeigen will.

Ich habe diese Geschichte ausgewählt, weil …

Mit diesem Gedicht habe ich das gemacht: …

Hier habe ich zu diesem Thema recherchiert: …

Schritt 4

Ich stelle die ausgewählten Arbeiten aus meinem Portfolio der Lehrkraft, meiner Klasse oder einer Gruppe von Kindern vor.

- Möglichkeiten der Portfolioführung kennenlernen
- Ein Portfolio führen

▸ A wie Anfang: S. 6
▸ Wetter: S. 35, 45
▸ Alles verändert sich: S. 79

Eine Rückmeldung geben

Wenn wir anderen zuhören oder zusehen, können wir danach eine Rückmeldung geben. Dadurch zeigen wir, dass wir genau zugehört oder zugesehen haben. Unsere Rückmeldung hilft dabei, den nächsten Vortrag oder das nächste Vorspiel zu verbessern.

Schritt 1
Vor dem Vortrag oder vor dem Vorspiel legen wir fest, was dabei beachtet werden soll.

Schritt 2
Wir verteilen die vier Felder des Kreises an vier oder mehr Kinder. Das Kind oder die Kinder, die für ein Feld zuständig sind, achten besonders auf diese Dinge.

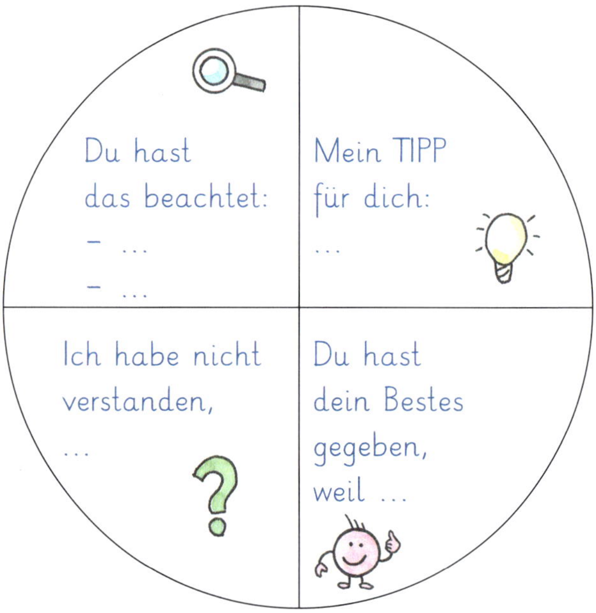

Schritt 3
Während des Vortrages oder des Vorspiel hören und schauen wir aufmerksam zu. Nach dem Vortrag oder Vorspiel besprechen wir uns in der Gruppe.

Schritt 4
Mit Hilfe der vier Felder des Kreises geben wir eine Rückmeldung. Dazu legen wir den Kreis nach und nach zusammen.

- Eine Methode kennenlernen
- Andere in ihren Lernprozessen unterstützen

▸ Essen: S. 54/55, 56
▸ Das Jahr: S. 108
▸ Werkstatt-Heft Lesen: S. 52

Einen Text vorlesen oder vortragen

Ich kann einen Text so vorlesen oder vortragen,
dass die Zuhörer ihn besser verstehen und gerne zuhören.

Schritt 1
Ich suche einen Text aus, den ich vorlesen möchte.
Das kann eine Geschichte, ein Sachtext oder ein Gedicht sein.

Schritt 2
Ich lese den Text mehrmals.
Dabei überlege ich:

- Wo muss ich Pausen machen?
- Welche Wörter will ich besonders betonen?
- Welche Stimmungen werden in dem Text ausgedrückt? Spannung, Wut, Angst, Fröhlichkeit, Sachlichkeit, ...
- Wie kann ich Mimik und Gestik nutzen, um das, was im Text gesagt wird, deutlicher zu machen?
- Gibt es Gegenstände, die ich bei meinem Lesevortrag zeigen kann?
- ...

Schritt 3
Ich übe den Text für meinen Lesevortrag.

Schritt 4
Ich trage den Text vor.
Meine Zuhörer geben mir eine Rückmeldung zu meinem Vortrag.

1 Probiere diese Schritte an dem Text auf Seite 147 aus.

- Eine Methode kennenlernen
- Hilfen für einen guten Vortrag kennenlernen

▸ A wie Anfang: S. 8, 17
▸ Gedichte: S. 179
▸ Werkstatt-Heft Lesen: S. 46, 51, 52, 64/65

Fridolin sucht ein Geräusch

Brigitte Endres

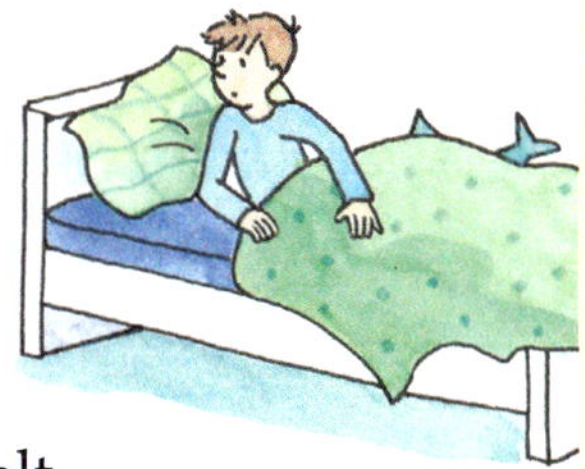

Mitten in der Nacht wacht Fridolin auf.
Er lauscht in die Dunkelheit. Es ist mäuschenstill.
Viel zu still, um wieder einzuschlafen. Irgendetwas fehlt.
Aber was? Und dann weiß er es: Das Geräusch ist weg!
Fridolin klettert aus dem Bett und macht sich auf die Suche.
Leise, leise öffnet er die Tür zum Elternschlafzimmer.
CHRCHRCHRCHR – Nein, das ist nicht das richtige Geräusch.
Fridolin schaut im Badezimmer nach.
TRIP-TROP-TRIP-TROP – Das war's auch nicht!
Im Flur ist es finster. Fridolin stolpert. **CHRCHZZZZZZZZZZ!**
Fridolin erschrickt. „Schnurriburri, pass doch auf!"
Fridolin geht zurück ins Kinderzimmer. **TIPTAP-TIPTAP-TIPTAP.**
Er spitzt die Ohren. Etwas huscht über den Boden.
Blitzschnell und trippelleise. Das ist nicht das Geräusch,
das Fridolin sucht – aber er weiß genau, wer es macht.
Fridolin späht unters Bett. „Hamsel, komm da raus!"
Zwei Knopfaugen linsen ihn an,
aber Hamsel kommt nicht raus.
Fridolin scheucht Schnurriburri aus dem Zimmer.
Dann legt er sich auf den Boden. Mit einer Karotte.
„Hamsel, kooomm!" **TIPTAP-TIPTAP-TIPTAP.**
Eine rosa Nase schnuppert unterm Bett hervor.
WUSCH – Fridolin schnappt zu!
Er bringt Hamsel in seinen Käfig zurück
und schiebt den Riegel vor das Türchen.
Sehr müde und sehr erleichtert schlüpft Fridolin ins Bett.
Sehr erleichtert ist auch Hamsel. Aber müde ist er noch lange nicht.
RATATATATATA-RATATATATATA,
rumort es leise im Kinderzimmer.
Immer und immer wieder:
RATATATATATARATATATATATA.
Friedolin schließt die Augen. Na endlich!
Und dann schläft er zufrieden ein.

- Eine Methode anwenden
- Einen Lesevortrag vorbereiten und halten
- Wetter: S. 36/37, 40/41
- Essen: S. 54/55, 56
- Gedichte: S. 180
- Hör-CD: Nr. 2/18

Ein Lesetagebuch führen

Ein Lesetagebuch kann ein Heft, eine Sammelmappe
oder ein selbst gebundenes Buch sein.

In meinem Lesetagebuch sammle, male
und beschreibe ich meine Eindrücke,
Gefühle und Gedanken zu dem,
was ich in einem Buch gelesen habe.

Schritt 1
Ich gestalte ein Deckblatt
für mein Lesetagebuch.
Darauf schreibe ich

- den Titel des Buches,
- den Namen des Autors oder der Autorin,
- den Namen des Illustrators
  oder der Illustratorin,
- den Namen des Verlags,
  in dem das Buch erschienen ist.

Schritt 2
Ich bearbeite eine Aufgabe von Seite 151.
Dabei lese ich in meinem Buch
an den Stellen noch einmal nach,
die mir bei der Bearbeitung der Aufgabe helfen.

Schritt 3
Ich suche mir eine weitere Aufgabe aus
und bearbeite sie.
Ich kann mir auch selbst eine Aufgabe
ausdenken und bearbeiten.

Schritt 4
Mit Hilfe meines Lesetagebuches
erzähle ich von meinem Buch
und empfehle es,
oder ich empfehle es nicht.

Aufgaben für ein Lesetagebuch

Figuren

- Male die Hauptfigur oder die Hauptfiguren aus deinem Buch.
- Schreibe einen Steckbrief zu der Figur, die dir im Buch am besten gefällt.
- Schreibe ein Gedicht über eine Figur, die du gern als Freund oder Freundin hättest. Schreibe auf, was dir besonders gut an ihm oder ihr gefällt.
- Erkläre, warum eine Figur sich so verhält, wie er oder sie es tut.

Besondere Textstellen

- Schreibe eine Stelle aus dem Text auf, die dir besonders gut gefällt. Begründe deine Auswahl.
- Zeichne zu einer Textstelle einen Comic oder eine Bildergeschichte.

Die Handlung

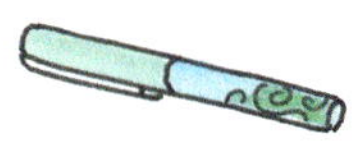

- Schreibe eine Fortsetzung der Geschichte.
- Stell dir vor, du kannst das Geschehen im Buch verändern. Schreibe auf, wie die Geschichte dann verlaufen würde.

Recherchieren

- Finde etwas über den Autor oder die Autorin des Buches heraus und schreibe es auf.
- Welche anderen Medien gibt es noch zu dem Buch?
- Finde mehr über das Thema heraus.

▸ Eine Möglichkeit zur Dokumentation von Leseerfahrungen kennenlernen

▸ Meerestiere: S. 60/61
▸ Bücher: S. 88–91
▸ Detektive: S. 122–124

▸ Werkstatt-Heft Lesen: S. 56/57

Werkstatt: Texte verstehen

Einen Text Schritt für Schritt lesen

Wenn ich einen Text lese, gehe ich immer gleich vor.
So kann ich einen Text besser verstehen.

Schritt 1: Vor dem Lesen
Ich schaue mir
die Überschrift des Textes
und die Bilder an. Ich überlege:

Was könnte im Text stehen?

Was fällt mir zur Überschrift und zu den Bildern ein?

Schritt 2: Lesen
Ich lese den Text.
Ich stoppe nach einigen Sätzen
und stelle mir die Fragen:

Was habe ich gerade gelesen?

Habe ich alles verstanden?

Wenn ich nicht weiß, was ein Wort bedeutet,
schreibe ich es auf einen Notizzettel.
Ich schreibe auch die Zeilenangabe auf,
damit ich das Wort im Text später leichter wiederfinden kann.

Schritt 3: Klären
Ich schlage das unbekannte Wort
in einem Lexikon oder in einem Wörterbuch nach.
Finde ich keine Erklärung, kann ich auch jemanden fragen.

Schritt 4: Nach dem Lesen
Wenn ich den Text gelesen habe,
bearbeite ich die Aufgaben zum Text.

1 Probiere diese Schritte an dem Text auf Seite 153 aus.

- Eine methodische Anleitung lesen
- Lesestrategien kennenlernen

▸ Ich – du – wir: S. 28/29
▸ Wetter: S. 40/41
▸ Meerestiere: S. 59
▸ Werkstatt-Heft Lesen: S. 22/23

Warum werden angeschnittene Äpfel braun?

GEOmini-Redaktion

Ob du in einen roten, grünen oder gelben Apfel beißt, innen sieht er garantiert schön hell aus, fast weiß. Lässt du ihn nach dem Biss liegen, wird er jedoch schnell braun. Warum eigentlich?

Kennst du das? Auf dem Teller liegen schön in Viertel geschnittene Äpfel. Doch mir nichts, dir nichts verwandeln sich die appetitlichen Leckerbissen in braune Stücke. Woher das kommt? Wer einen Apfel zerschneidet, zerteilt damit auch einige der Zellen, aus denen der Apfel besteht. Die Zellen kannst du dir wie unzählige, winzige Zimmerchen in einem riesigen Apfelhaus vorstellen. Jede Zelle ist mit Apfelsaft gefüllt. Beim Zerschneiden oder Abbeißen öffnest du diese Zellen – und der Saft quillt heraus, um sich wie eine Schutzschicht über die Schnittstelle zu legen. Das klappt zwar, doch in dem Saft befinden sich Stoffe, die die Farbe ändern, sobald sie mit Luft in Berührung kommen.

Kleiner Trost: Das sieht nur unschön aus, am Geschmack ändert das nichts.

Apfel-Geheimschrift

Es gibt einen Trick, mit dem du verhindern kannst, dass Äpfel braun werden. Reibe die aufgeschnittenen Flächen mit Zitronensaft ein! Dieser vermischt sich zwar genauso mit der Luft wie der Apfelsaft, er verfärbt sich dabei aber nicht. Wenn du nun in den Apfel Wörter ritzt, durchstichst du die Zitronen-Schicht. An diesen Stellen gelangt wieder Luft an den Apfel, und er färbt sich braun.

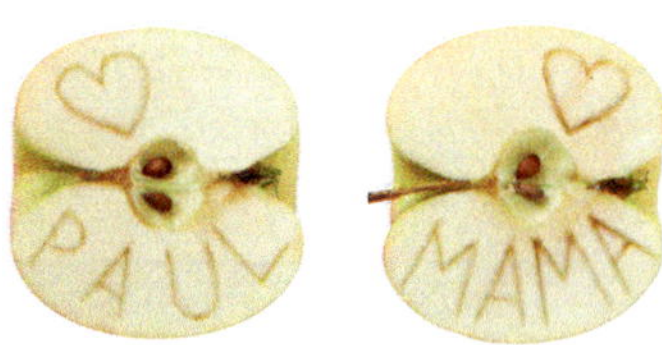

1 Warum werden angeschnittene Äpfel braun? Erkläre es einem Partner.

▸ Essen und Trinken: S. 57
▸ Werkstatt-Heft Lesen: S. 22/23

Vorwissen und Informationen notieren

In einem Cluster kann ich viele Informationen geordnet aufschreiben.
So kann ich
- mir einen Überblick über das Thema verschaffen,
- mich später an das erinnern, was ich gelesen habe.

Schritt 1
Ich schreibe das Thema in die Mitte und kreise es ein.

Schritt 2
Ich überlege mir, was ich schon zu dem Thema weiß. Diese Informationen schreibe ich in Schwarz auf. Ich kann Wörter, kurze Sätze oder Bilder notieren. Meine Ideen kreise ich ein und ziehe Verbindungslinien.

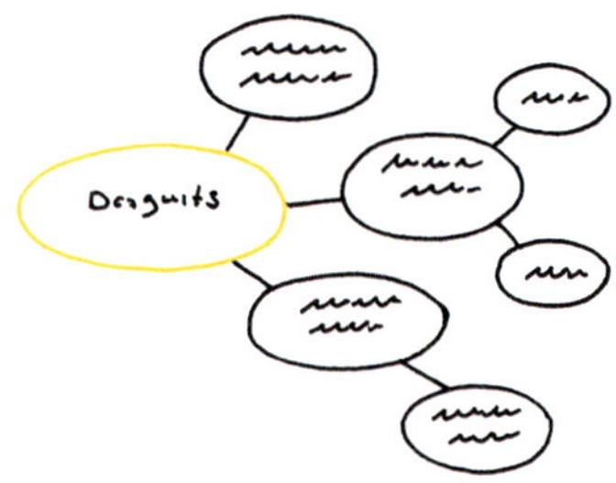

Schritt 3
Ich lese den Text.

Schritt 4
Was ich Interessantes oder Neues im Text erfahren habe, schreibe ich in Blau in das Cluster.

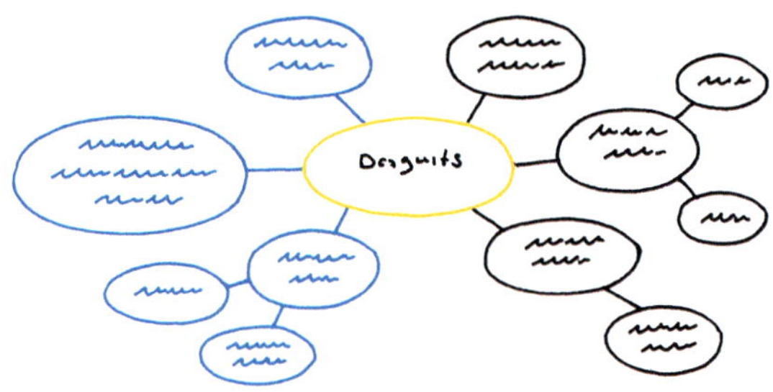

Schritt 5
Wenn ich noch Fragen zum Thema habe, ergänze ich diese Fragen in Rot in dem Cluster.
Im Lexikon oder im Internet kann ich weitere Informationen sammeln.

- Eine Anleitung lesen
- Die Cluster-Notationsform kennenlernen

▸ Wetter: S. 42

▸ Werkstatt-Heft Lesen: S. 24/25

1 Schreibe das Thema **Tiefsee** auf und kreise es ein.

2 Schreibe in Schwarz auf, was du über die Tiefsee weißt. Kreise jede Idee ein und verbinde sie.

3 Lies den Text.

Tiefsee

Mary Pope Osborne und Natalie Pope Boyce

Im tiefsten Teil des Meeres gibt es kein Sonnenlicht mehr. Wissenschaftler nennen das einen Abyssal. Seine tiefste Stelle liegt fast elf Kilometer unter dem Meeresspiegel! Dort ist es pechschwarz bei einer Temperatur knapp über dem Gefrierpunkt.

Im Durchschnitt sind die Ozeane rund 3,5 Kilometer tief. Etwa 60 Prozent der Erdoberfläche gehören zur Tiefsee. Es ist ein aufregender und faszinierender Ort. Vulkane spucken glühende Lava, es gibt riesige Berge, und manche Gräben sind so tief, dass man sie nicht einmal messen kann.

Das Nahrungsangebot in der Tiefsee ist knapp. Manche Tiere schwimmen auf der Futtersuche bis zur Oberfläche. Andere warten auf Abfall, der zu Boden sinkt. Doch die meisten lauern im Dunkeln auf ihre Beute.

Da es dort unten kaum Licht gibt, haben viele Tiere kleine Augen. Andere dagegen haben riesige Augen, um in der Dunkelheit besser sehen zu können.

4 Schreibe in Blau in das Cluster, was du Interessantes oder Neues erfahren hast.

5 Schreibe in Rot auf, was du noch über die Tiefsee erfahren möchtest.

- Vorwissen aktivieren
- Informationen entnehmen
- Die Cluster-Notation anwenden

▶ Meerestiere: S. 62–65

▶ Hör-CD: Nr. 2/19

▶ Werkstatt-Heft Lesen: S. 24/25

Mit W-Fragen das Textverständnis überprüfen

Während und nach dem Lesen einer Geschichte denke ich über den Inhalt nach.
Die W-Fragen helfen mir dabei, die Geschichte besser zu verstehen.

W-Fragen

Wer?
Welche Personen, Figuren oder Tiere kommen vor?
Was erfahre ich über sie?

Wo?
Wo spielt die Geschichte?
Was erfahre ich über die Orte?

Wann?
Wann passiert das, was erzählt wird?

Was?
Was passiert in dem einzelnen Abschnitt?

Warum?
Warum handeln die Figuren so?
Warum ...

Schritt 1
Ich schaue mir die Überschrift und die Bilder zum Text an.
Dabei überlege ich, was wohl in der Geschichte erzählt wird.

Schritt 2
Ich lese den Text aufmerksam und überprüfe, ob meine Vermutungen stimmen.
Unbekannte Wörter kläre ich.

Schritt 3
Ich lese den Text noch einmal Absatz für Absatz.
Ich versuche, die fünf W-Fragen für mich zu beantworten.

1 Probiere das auf der nächsten Seite aus.

▸ Eine methodische Anleitung zur Sicherung des Textverständnisses kennenlernen

▸ Ich – du – wir: S. 23
▸ Essen: S. 54/55
▸ Alles verändert sich: S. 71
▸ Werkstatt-Heft Lesen: S. 26/27, 56/57

Unter Verdacht

THiLO

Elias und Jan sitzen in ihrem Baumhaus. „Wie erkennt man Verbrecher?“, fragt Elias. „Ganz einfach!“, erklärt Jan. „Die sehen verdächtig aus.“ Die beiden Detektiv-Freunde beobachten die Straße. Dic Lcutc schcn aus wic immcr. Frau Krause geht einkaufen. Jans Nachbar wäscht das Auto. „Es gibt zu wenig Verbrecher!“, beschwert sich Elias.

Doch plötzlich zupft ihn Jan am Ärmel. „Da!“, flüstert er und zeigt zur Ampel. Elias staunt. Der Mann da hinten sieht echt verdächtig aus! Er trägt einen langen Mantel und eine schwarze Mütze. Die geht ihm fast über die Augen. „Und ein Schal, mitten im Sommer?“, wundert sich Jan. „Das ist ein Einbrecher!“ Wie der Blitz rennen sie hinter dem Verdächtigen her.

Der Mann dreht sich um. Jan und Elias verstecken sich hinter einem Busch. Der Mann geht in die Apotheke. „Da klaut er die Kasse!“, ist sich Jan sicher.

Sie pressen ihre Ohren ans Fenster. So hören sie alles, was der verdächtige Mann sagt. „Eine Packung Halstabletten, bitte!“, bestellt er. „Ich bin furchtbar erkältet!“

„Hach!“, stöhnt Jan auf dem Rückweg. „Es gibt einfach viel zu wenig Verbrecher!“ Und da kann ihm Elias wirklich nicht widersprechen.

- W-Fragen an einen Text stellen
- Das Textverständnis sichern

- Detektive: S. 116–129
- Hör-CD: Nr. 2/20
- Werkstatt-Heft Lesen: S. 26/27

Fragen stellen und Antworten geben

In einem Text sind oft viele Informationen enthalten. Wenn wir uns gegenseitig Fragen zu einem Text stellen und beantworten, dann können wir die Informationen besser verstehen und sie uns besser merken.

Schritt 1
Wir bilden eine Dreiergruppe oder eine Vierergruppe.

Schritt 2
Jeder von uns liest den Text leise für sich.

Schritt 3
Unbekannte Wörter erklären wir uns gegenseitig, oder wir schlagen sie nach.

Schritt 4
Jeder von uns überlegt sich Fragen zu dem Text.
Die Antwort muss im Text zu finden sein.
Die Fragen können wir auch aufschreiben.

Schritt 5
Einer von uns stellt eine Frage, ein anderes Kind antwortet.
Um die Antwort zu überprüfen, liest ein Kind die Stelle aus dem Text vor, in der die Antwort auf die Frage steht.

1 Probiert diese Schritte auf der nächsten Seite aus.

▸ Eine methodische Anleitung zur Sicherung des Textverständnisses kennenlernen

▸ Ich – du – wir: S. 28–31
▸ Wetter: S. 43
▸ Meerestiere: S. 62

▸ Werkstatt-Heft Lesen: S. 28/29, 40/41

Wie ist das Wetter auf dem Mond?

Kinder-Brockhaus-Redaktion

Im Gegensatz zur Erde besitzt der Mond keine Atmosphäre, das heißt, er ist nicht von einer Lufthülle umgeben. Deswegen gibt es auf dem Mond starke Temperaturunterschiede zwischen Tag und Nacht. Das Mondgestein kann sich tagsüber auf 130 °C aufheizen. Dagegen sinken nachts die Temperaturen auf bis zu minus 160 °C!

Für eine Drehung um die eigene Achse benötigt der Mond fast einen Monat. Somit dauern der Tag und die Nacht auf dem Mond jeweils etwa zwei Wochen.

Auf dem Mond ist es also ziemlich ungemütlich. Wer dort aussteigt, muss immer einen Raumanzug tragen. Allerdings braucht er keinen Regenschirm, weil es dort nicht regnet.

Ganz am Anfang bestand der Mond aus geschmolzenem Gestein. Als er langsam abkühlte, bildete sich außen eine harte Kruste. Die Schwerkraft der Erde bewirkte, dass die Eigendrehung des Mondes immer geringer wurde. So entstand an einer Seite eine mehrere Kilometer hohe Erhebung. Diese riesige Mondbeule ist der Erde zugewandt.
In den letzten vier Milliarden Jahren hat sich die Mondoberfläche lediglich durch Meteoriteneinschläge verändert.

▸ Fragen an einen Text stellen
▸ Das Textverständnis sichern
▸ Wetter: S. 38
▸ Hör-CD: Nr. 2/21
▸ Werkstatt-Heft Lesen: S. 28/29

Zwischenüberschriften zuordnen und nutzen

Texte sind oft in Abschnitte unterteilt.
In jedem Abschnitt ist etwas anderes wichtig.
Jedem Abschnitt kann eine eigene Überschrift zugeordnet werden.
Diese Überschriften im Text nennt man auch **Zwischenüberschriften.**

Zwischenüberschriften können bestehen aus:
- einzelnen Wörtern
- kurzen Sätzen
- Fragen

Schritt 1
Ich lese den Text und überprüfe dabei, ob ich alles verstehe.
Ich lese auch die Zwischenüberschriften.

Schritt 2
Ich überlege, was ich in den einzelnen Absätzen des Textes erfahren habe.

Schritt 3
Ich schreibe die vorgegebenen Zwischenüberschriften auf kleine Zettel und klebe sie neben den passenden Abschnitt des Textes.

Schritt 4
Mit Hilfe der Zwischenüberschriften erzähle ich, was ich im Text Interessantes oder Neues erfahren habe.

1 Probiere das mit dem Text auf der nächsten Seite aus.

▸ Eine methodische Anleitung zur gezielten Informationsentnahme kennenlernen
▸ Ich – du – wir: S. 24/25
▸ Wetter: S. 38
▸ Bücher: S. 84/85
▸ Werkstatt-Heft Lesen: S. 30/31, 58/59

Mit dem Körper sprechen

Lieselotte Heimlich

Etwas ganz ohne Worte sagen – geht das überhaupt? Wie kannst du zum Beispiel ausdrücken, dass dir etwas gut schmeckt, ohne es zu sagen? Probiere es einmal aus! Tu so, als würdest du essen, und streiche anschließend über deinen Bauch. Dabei kannst du auch noch zufrieden gucken. Das nennt man Pantomime.

Kinder, die nicht hören können, können oft auch nicht sprechen. Diese Kinder nutzen die Gebärdensprache oder das Fingeralphabet, um etwas mitzuteilen. So können auch sie ganz ohne Worte sagen, was sie wollen.

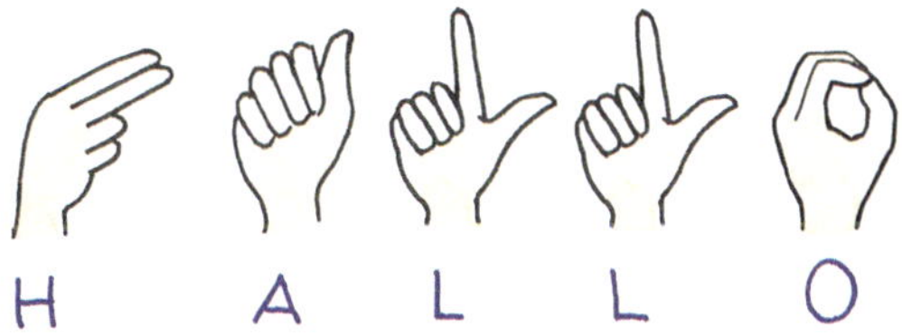

Auch Gefühle können wir nur mit Körpersprache ausdrücken. „Spricht“ man mit dem Körper und bewegt die Arme, die Hände oder den Kopf, so nennt man das Gestik. Mit Mimik sind die Bewegungen der Gesichtsmuskeln gemeint.

Beim Lächeln werden die Muskelpartien rund um den Mund und auch um die Augen herum gespannt. Lächeln Menschen, so ist das meistens ein Ausdruck von Freude. Wird man von einem anderen ehrlich angelächelt, so muss man meistens zurücklächeln. Es ist ein einfacher Weg, um Fröhlichkeit und Wohlbefinden zu übermitteln.

Was ist Pantomime?

Mit den Fingern sprechen

Gestik und Mimik

Lachen ist gesund und ansteckend

Werkstatt: Märchen

Märchenfiguren in einem Bild entdecken

1 Welche Märchenfiguren erkennst du auf dem Bild?

2 Macht eine Märchenausstellung mit Märchenbüchern, Figuren, Bildern und anderem.

- Vorwissen aktivieren
- Märchenszenen und -figuren erkennen

- Detektive: S. 116
- Märchen: S. 163, 165–169, 172/173

Märchensprüche zuordnen

Königstochter, jüngste, ...

Spieglein, Spieglein an der Wand, ...

Die Guten ins Töpfchen, ...

Ach wie gut, dass niemand weiß, ...

Rapunzel, Rapunzel, ...

Knusper, knusper Knäuschen, ...

Schneewittchen

Aschenputtel

Rapunzel

Rumpelstilzchen

Froschkönig

Hänsel und Gretel

... die Schlechten ins Kröpfchen.

... mach' mir auf!

... wer ist die Schönste im ganzen Land?

... wer knuspert an meinem Häuschen?

... dass ich Rumpelstilzchen heiß'.

... lass dein Haar herunter!

1 Arbeitet zu zweit.
- Setzt die Märchensprüche zusammen.
- Zu welchen Märchen gehören die Märchensprüche?

2 Welche Märchensprüche kennt ihr noch?

Merkmale von Märchen kennenlernen

Märchen sind Geschichten, die früher mündlich weitererzählt wurden. Sie sollen die Menschen unterhalten. Ihre Handlungen sind meist wundersame Begebenheiten, die frei erfunden sind. Märchen gibt es fast überall auf der Welt.

Figuren
Hexen, Zauberer, Zwerge, Riesen, Feen, Drachen, sprechende Tiere, Könige, Königinnen, Prinzen und Prinzessinnen, …

Orte
magische und geheimnisvolle Orte wie Schlösser, Wälder und Höhlen, …

Märchenanfänge
- Es war einmal …
- Einst lebte …
- Vor langer Zeit gab es …

Gegensätze
gut – böse, schön – hässlich, arm – reich, dumm – schlau, …

Handlung
Die Hauptperson
- gerät in Gefahr
- muss schwierige Aufgabe lösen oder Prüfung bestehen
- erhält Hilfe durch magische Figuren oder Gegenstände …

Märchensprüche
- Spieglein, Spieglein an der Wand, …
- Sieben auf einen Streich!

Märchenenden
- Die Hauptfigur erhält eine Belohnung.
- Alles geht gut aus.
- Und wenn sie nicht gestorben sind, …

1 Sucht in Märchen Beispiele zu den Merkmalen.

2 Lies oder höre ein Märchen. Schreibe zu diesem Märchen einen Märchensteckbrief mit den wichtigsten Merkmalen.

- Merkmale von Märchen kennenlernen, Beispiele finden
- Einen Steckbrief schreiben

▶ Märchen: S. 165–169, 172/173

▶ Werkstatt-Heft Lesen: S. 35

Ein Märchen lesen

Frau Holle

Nach den Brüdern Grimm

Es war einmal eine Witwe, die hatte zwei Töchter, davon war die eine schön und fleißig, die andere war hässlich und faul. Die Mutter hatte aber die hässliche und faule Tochter viel lieber, weil sie ihre richtige Tochter war. Das andere Mädchen musste sich täglich auf die große Straße bei einem Brunnen setzen und so viel spinnen, dass ihm das Blut aus den Fingern sprang. Einmal war die Spule ganz blutig. Da bückte sich das Mädchen und wollte sie im Brunnen abwaschen. Dabei fiel ihm die Spule in den Brunnen hinunter. Das Mädchen weinte, lief zur Stiefmutter und erzählte ihr das Unglück. Die Stiefmutter sprach: „Hast du die Spule hinunterfallen lassen, so hol' sie auch wieder herauf!"

Da ging das Mädchen zum Brunnen zurück und sprang in seiner Angst hinein, um die Spule zu holen. Als es unten angekommen war, war es auf einmal auf einer schönen Wiese, wo die Sonne schien und viele tausend Blumen standen. Auf dieser Wiese kam es zu einem Backofen, der war voller Brot. Das Brot aber rief: „Ach, zieh' mich raus, zieh' mich raus, sonst verbrenn' ich, ich bin schon längst ausgebacken!" Da holte das Mädchen mit dem Brotschieber alle Brote nacheinander heraus.

Danach ging es weiter und kam zu einem Baum, der hing voller Äpfel. Der Baum rief: „Ach, schüttle mich, schüttle mich, wir Äpfel sind alle schon reif!" Da schüttelte es den Baum, dass die Äpfel fielen, und schüttelte, bis keiner mehr oben war. Und als es alle auf einen Haufen zusammengelegt hatte, ging es wieder weiter.

Endlich kam es zu einem kleinen Haus, aus dem eine alte Frau herausguckte. Weil die Frau so große Zähne hatte, bekam das Mädchen Angst und wollte fortlaufen. Die alte Frau aber rief ihm nach: „Was fürchtest du dich, liebes Kind? Bleib' bei mir. Wenn du alle Arbeit bei mir im Hause ordentlich tun willst, dann soll dir's gut gehen. Du musst nur Acht geben, dass du mein Bett fleißig aufschüttelst, sodass die Federn fliegen, dann schneit es nämlich in der Welt. Ich bin Frau Holle."

Da fasste sich das Mädchen ein Herz und blieb bei der Frau. Es erledigte alles zu ihrer Zufriedenheit. Dafür hatte es auch ein gutes Leben bei ihr. Sie hörte von ihr kein böses Wort und bekam alle Tage gute Speisen zu essen. Nachdem das Mädchen eine Zeitlang bei der Frau Holle war, wurde es aber traurig und bekam Heimweh. Es sagte: „Ich habe großes Heimweh! Ich kann hier nicht länger bleiben. Ich muss wieder nach Hause." Frau Holle sagte: „Es gefällt mir, dass du wieder nach Hause willst. Weil du mir aber so gut geholfen hast, will ich dich selbst wieder hinaufbringen." Sie nahm es bei der Hand und führte es vor ein großes Tor. Das Tor öffnete sich, und wie das Mädchen gerade darunter stand, fiel ein gewaltiger Goldregen auf sie herab, und alles Gold blieb an ihr hängen, sodass sie über und über davon bedeckt war. „Das sollst du haben, weil du so fleißig gewesen bist", sprach Frau Holle und gab dem Mädchen auch die Spule wieder, die ihm in den Brunnen gefallen war. Darauf wurde das Tor verschlossen, und das Mädchen befand sich oben auf der Welt, nicht weit entfernt von dem Haus seiner Mutter.

Als es in den Hof kam, saß der Hahn auf dem Brunnen und krähte: „Kikeriki, kikeriki, unsere Goldmarie ist wieder hie!" Da ging das Mädchen hinein zu seiner Mutter. Und weil es so mit Gold bedeckt ankam, wurde es von ihr und der Schwester gut aufgenommen. Das Mädchen erzählte nun alles, was es erlebt hatte.

Und als die Mutter hörte, wie es zu dem großen Reichtum gekommen war, wollte sie, dass ihrer hässlichen und faulen Tochter auch solch ein Glück beschert würde. Die musste sich also an den Brunnen setzen und spinnen. Damit ihre Spule blutig wurde, stach sie sich an einer Dornenhecke in den Finger. Dann warf sie die blutige Spule in den Brunnen und sprang hinterher. Sie kam auf die Wiese und ging weiter. Als sie zu dem Backofen kam, schrie das Brot: „Ach, zieh' mich raus, sonst verbrenn' ich, ich bin schon längst ausgebacken!" Die Faule aber antwortete: „Ich hab' aber keine Lust!" – und ging weiter. Dann kam sie auch zu dem Apfelbaum, der rief: „Ach, schüttle mich, wir Äpfel sind schon alle reif!" Das Mädchen antwortete: „Nein, es könnte mir ja einer auf den Kopf fallen!" – und ging weiter.

Als sie vor Frau Holles Haus kam, fürchtete sie sich nicht, denn sie hatte ja von ihren großen Zähnen schon gehört. Sie trat in den Dienst von Frau Holle. Am ersten Tag bemühte sie sich, fleißig zu sein, und gehorchte Frau Holle, wenn diese etwas zu ihr sagte. Sie dachte nämlich an das viele Gold, das sie ihr schenken würde. Aber am zweiten Tag fing sie schon an zu faulenzen, und am dritten Tag wollte sie morgens gar nicht aufstehen. Da wurde Frau Holle böse und schickte sie wieder nach Hause. Die Faule war damit zufrieden und meinte, nun würde der Goldregen kommen. Frau Holle führte sie auch zu dem Tor. Als die Faule aber darunter stand, wurde statt des Goldes ein großer Kessel schwarzes Pech über sie ausgeschüttet. „Das ist zur Belohnung für deine Faulheit!", sagte Frau Holle und schloss das Tor.

Da kam die Faule heim, aber sie war von oben bis unten schwarz. Und der Hahn auf dem Brunnen krähte: „Kikeriki, kikeriki, unsere Pechmarie ist wieder hie!" Das Pech blieb fest an ihr hängen und ging ihr Leben lang nicht mehr von ihr ab.

- Ein Märchen lesen
- Merkmale von Märchen finden

- Märchen: S. 162, 164, 170/171
- Darstellendes Spiel: S. 188–191
- Hör-CD: Nr. 2/22

Ein Märchen umerzählen

Die Pechmarie erzählt

Ihr kennt sicher die Geschichte von der Goldmarie, meiner Schwester. Klar, dass ich auch so viel Gold haben wollte! Ich setzte mich also an den Brunnen. Aber mit dem Spinnen hielt ich mich nicht lang auf, sondern stach mich an einem Dorn. Ich hab' dann alles mit Blut verschmiert, und dann bin ich einfach in den Brunnen gesprungen. Super! Ich landete auf dieser Wiese – doch vom Haus der Alten war nichts zu sehen. Also marschierte ich los. Plötzlich machte mich doch so ein blöder Backofen an. Ich sollte das Brot rausholen. Ich brauch' doch kein Brot! Dann jaulte auch noch ein Apfelbaum. Nervige Gegend hier, dachte ich. Ich wollte doch Gold und keine Äpfel. Schließlich kam ich am Haus der Alten an. Die sah schon schlimm aus mit ihren großen Zähnen, aber ich wusste ja Bescheid. Hab' ihr alles versprochen, was sie von mir wollte. Am ersten Tag stand ich tatsächlich auf und schüttelte die Betten aus. Doch am zweiten Tag taten mit alle Knochen weh, und müde war ich auch. Am dritten Tag war die Alte schon richtig sauer, aber mal ehrlich: Täglich Betten ausschütteln, das ist doch Quatsch! Na ja, sie hat mir dann vorgeschlagen, meine Arbeit bei ihr aufzugeben. Fand ich eine richtig gute Idee. Was sollte ich mich auch hier länger als nötig abrackern. Der Goldregen war in greifbarer Nähe. Aber jetzt kommt der Hammer! Ich steh' unter dem Tor, und die Alte sagt noch: „Das ist zur Belohnung für deine Faulheit.“ Und was glaubt ihr, was auf mich niederprasselte? Schwarzes Pech! Bis heute bin ich das nicht mehr richtig losgeworden. Also, wenn mir diese undankbare Alte noch mal begegnet, dann kann die was erleben!

1 Vergleiche diese Erzählung mit dem Märchen **Frau Holle**.

2 Suche dir eine Märchenfigur aus. Schreibe das Märchen aus der Sicht dieser Figur um.

Ein Märchen nach Bildern ergänzen

Sterntaler

Nach den Brüdern Grimm

Es war einmal ein kleines Mädchen, dessen Vater und Mutter gestorben waren. Die Eltern hatten ihm nichts hinterlassen, und es war so arm, dass es kein Kämmerchen mehr hatte, um darin zu wohnen, und kein Bettchen mehr, um darin zu schlafen. Irgendwann hatte es gar nichts mehr außer den Kleidern auf dem Leib und einem Stück Brot in der Hand, welches ihm ein guter Mensch geschenkt hatte. Das Mädchen war aber gut und fromm. Und weil es so von aller Welt verlassen war, ging es im Vertrauen auf den lieben Gott hinaus ins Ungewisse. Da begegnete ihm ein armer, alter Mann, der sprach: „Ach bitte, ich bin so hungrig. Gib mir etwas zu essen!" Da reichte es ihm das ganze Stück Brot und sagte: „Gott segne's dir!" und ging weiter.

Und wie das Mädchen so stand und gar nichts mehr hatte, fielen auf einmal die Sterne vom Himmel und waren lauter harte, blinkende Taler. Und auch wenn es sein Hemdlein weggegeben hatte, so hatte es ein neues an, und das war vom allerfeinsten Linnen. Da sammelte es die Taler hinein und war reich für sein Lebtag.

1 Was tun, sagen und fühlen die Figuren auf den Bildern? Erzähle den mittleren Teil des Märchens.

▸ Märchen: S. 170/171

Ein Märchen erzählen

Märchen werden oft lebendiger,
wenn man sie erzählt.
Beim Erzählen helfen
Erzählkarten mit Stichwörtern.

Schritt 1
Teile das Märchen, das du erzählen willst,
in sinnvolle Abschnitte ein.

Schritt 2
Lege dir zu jedem Abschnitt
eine Erzählkarte an,
auf der du in Stichwörtern
den Abschnitt zusammenfasst.

- kleines Mädchen
- arm und allein
- nur noch Kleidung und ein Stück Brot

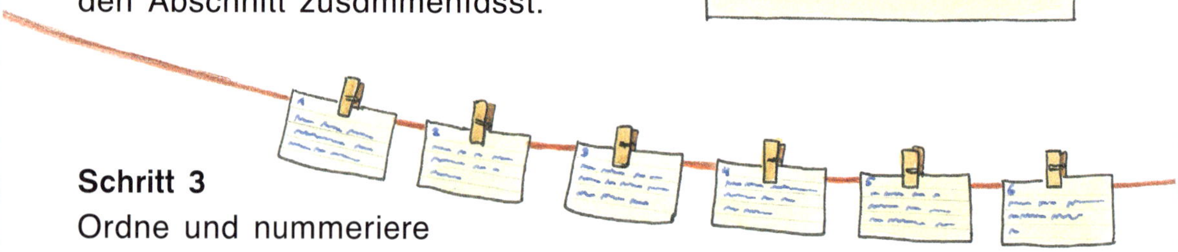

Schritt 3
Ordne und nummeriere
deine Erzählkarten.
Hefte sie an einen roten Faden.

Schritt 4
Übe das Erzählen
am besten mit einem Partner.
Beachte die Hilfen
zum Vortragen von Seite 148.

1 Probiere die vier Schritte an einem Märchen deiner Wahl aus.

Eine Erzählung ausgestalten

Es gibt unterschiedliche Möglichkeiten,
um eine Erzählung noch lebendiger zu machen.

Ein Märchen mit Bildern erzählen
- Male zu jedem Abschnitt ein passendes Bild.
- Zeige dein Bild an der passenden Stelle (zum Beispiel mit Hilfe eines Kamishibais oder an der Tafel).
- Lass den Zuschauern genügend Zeit, um sich das Bild anzuschauen.

Ein Märchen mit einer Märchenkiste erzählen
- Suche zu jedem Abschnitt der Geschichte einen passenden Gegenstand.
- Sammle die Gegenstände in einer Kiste.
- Nimm an der passenden Stelle den Gegenstand aus der Kiste und zeige ihn den Zuschauern.

Ein Märchen spielen
- als Märchen im Kartontheater: mit selbstgebastelten Spielfiguren (wie auf Seite 190/191)
- einzelne Szenen als Erzählpantomime: ein Kind stellt eine Situation aus der Erzählung dar, ohne dabei zu sprechen
- einzelne Szenen als Theaterstück: mehrere Kinder spielen etwas aus der Erzählung vor

2 Wähle eine der Gestaltungsmöglichkeiten für deine Märchenerzählung aus.

▸ Möglichkeiten zur Ausgestaltung einer Erzählung kennenlernen

▸ Lernen: S. 148/149
▸ Märchen: S. 165–169
▸ Darstellendes Spiel: S. 190/191
▸ Werkstatt-Heft Lesen: S. 36/37

Gedanken beim Lesen austauschen

Die Wassernixe

Brüder Grimm

Ein Brüderchen und ein Schwesterchen spielten an einem Brunnen, und wie sie so spielten, plumpsten sie beide hinein.

> Was wird wohl mit ihnen geschehen?

Da war unten eine Wassernixe, die sprach: „Jetzt hab ich euch, jetzt sollt ihr mir brav arbeiten“, und führte sie mit sich fort. Dem Mädchen gab sie verwirrten garstigen Flachs zu spinnen,

> Garstiger Flachs? Was ist das?

es musste Wasser in ein hohles Fass schleppen, der Junge aber sollte einen Baum mit einer stumpfen Axt hauen; und nichts zu essen bekamen sie als steinharte Klöße.

> Was denken und fühlen die Kinder?
> Wie können sie ihre schlimme Lage ändern?

Da wurden zuletzt die Kinder so ungeduldig, dass sie warteten, bis eines Sonntags die Nixe in der Kirche war, da entflohen sie.

> Was wird die Nixe jetzt wohl tun?

Und als die Kirche vorbei war, sah die Nixe, dass die Vögel ausgeflogen waren, und setzte ihnen mit großen Sprüngen nach.

> Welche Vögel?

Die Kinder erblickten sie aber von Weitem, und das Mädchen warf eine Bürste hinter sich.

> Wozu soll das denn gut sein?

Das gab einen großen Bürstenberg mit tausend und tausend Stacheln, über den die Nixe mit großer Mühe klettern musste. Endlich kam sie doch hinüber.
Wie das die Kinder sahen, warf der Knabe einen Kamm hinter sich.

> Was wird wohl aus dem Kamm?

Das gab einen großen Kammberg mit tausendmal tausend Zinken, aber die Nixe wusste sich daran festzuhalten und kam zuletzt doch hinüber.

> Und was nun?

Da warf das Mädchen einen Spiegel hinterwärts. Das gab einen ...

> Was kann denn aus einem Spiegel werden?
> Und wird die Nixe es schaffen, die beiden Kinder zu fangen?

1 Lest den Text Abschnitt für Abschnitt.
Stoppt bei jeder Sprechblase
und beantwortet die Fragen.

2 Erzähle die Geschichte zu Ende.
Auf Seite 192 findest du den Schluss zum Vergleich.

- Informationen entnehmen
- Fragen beantworten
- Eine Märchen fortsetzen

- Detektive: S. 119
- Lernen: S. 148
- Märchen: S. 170/171

- Hör-CD: Nr. 2/24
- Werkstatt-Heft Lesen: S. 42/43

Werkstatt: Gedichte

Ein Gedicht mit Geräuschen gestalten

Das Gespenst

Jan Koneffke

Huhu! Ist der Mond nicht riesig
und die Nachtluft gruslig diesig?

Weht es nicht ins Kinderzimmer
anfangs sachte und bald schlimmer?

Hu! Es flattert die Gardine
wild an der Gardinenschiene

und es blubbert in den Rohren
wie in finstren Totenmooren.

Um dein Bettchen kratzt und knarrt es
keucht und kichert, schmatzt und scharrt es.

Hihi! Wenn ich zu dir schleiche
blass und bleich wie eine Leiche

und es klappert mein Skelett
wie ein Eimer um dein Bett.

Kriegst du einen Riesenschrecken?
Willst du dich vor mir verstecken?

Machst du dir ins Hemd und flennst
vor dem grausigen Gespenst?

Nichts von alledem! Du pennst!

Drehst dich nur zur andern Seite
und bescherst mir eine Pleite

die mich bis ins Mark entsetzt
und mein Selbstvertrauen verletzt.

Hu! Ich heule wie ein Kater
und bei diesem Mordstheater

wachst du auf und fauchst mich an:
„Lass mich endlich schlafen, Mann!“

Zittriger als Espenlaub
mache ich mich aus dem Staub

mein Gespensterhemd ist pitschnass
wenn sich einer graust, bin ich das

und ein Stern linst schadenfroh
und der Mond grinst sowieso

1 Arbeitet zu dritt.
- Überlegt euch zu jeder Strophe passende Geräusche. Probiert aus, wie ihr den Lesevortrag und die Geräusche verbinden könnt.
- Welche Wörter wollt ihr betonen? Wie wollt ihr diese Wörter betonen?

2 Teilt die Strophen des Gedichts auf: Die Kinder, die gerade nicht lesen, machen die passenden Geräusche.

3 Übt euren Gedichtvortrag und führt ihn in der Klasse auf. Lasst euch von euren Zuhörern eine Rückmeldung geben.

- Ein Gedicht mit Geräuschen gestalten und präsentieren
- Rückmeldungen geben

- Das Jahr: S. 108
- Lernen: S. 146–148
- Gedichte: S. 179

- Hör-CD: Nr. 2/25
- Werkstatt-Heft Lesen: S. 51, 52

Ein Gedicht mit einem Leporello präsentieren

Du kannst einen Text oder ein Gedicht gestalten
und auf eine besondere Art präsentieren.
Dafür ist ein Leporello – ein Faltbuch – gut geeignet.

Schritt 1

Stelle das Leporello her:
- Falte ein DIN-A4-Blatt.
- Falte das Blatt noch zweimal.
- Falte das Blatt wieder ganz auf.
- Zerschneide das Blatt an der langen Faltlinie.
- Klebe die beiden Papiersteifen mit einem Klebestreifen zusammen.
- Falte das Blatt wie eine Zieharmonika.

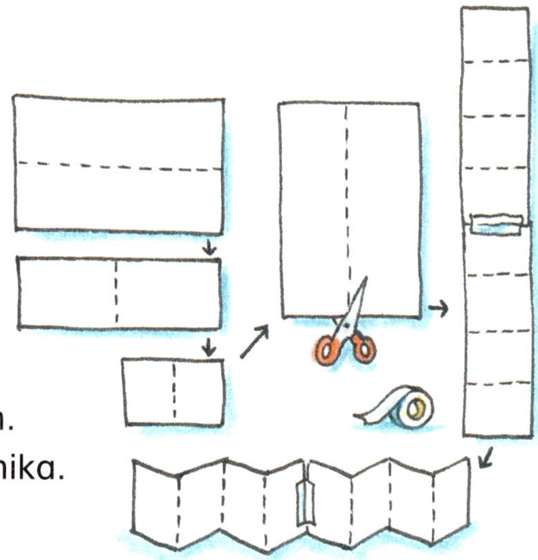

Schritt 2

Schreibe den Titel
und den Autor des Gedichts
auf die Titelseite und male dazu.

Schritt 3

Klappe die erste Doppelseite auf.
Schreibe die erste Strophe
auf die linke oder rechte Seite.
Überlege, welches Bild
dazu passen könnte,
und male es auf die freie Seite.
Gestalte nun jede Strophe auf zwei Seiten.

Schritt 4

Stellt eure Leporellos aus.

1 Probiere das mit dem Gedicht auf der nächsten Seite aus.

▸ Eine Möglichkeit zur Präsentation eines Gedichts kennenlernen und anwenden

▸ Meerestiere: S. 63
▸ Das Jahr: S. 100, 109
▸ Fachwörter: S. 193–197

Es war einmal ein Drachen

Fredrik Vahle

Es war einmal ein Drachen,
Fuuh!
Mit einem roten Rachen,
Fuuh!
    Sein Atem war aus Feuer,
    Fuuh!
    Er war ein Ungeheuer,
    Fuuh!
Da kam ein stolzer Ritter,
Fuuh!
Der poltert wie Gewitter,
Fuuh!
    Und sucht ihn sieben Stunden,
    Fuuh!
    Und hat ihn nicht gefunden,
    Fuuh!
Der Drache, der war schlauer,
Fuuh!
Da war der Ritter sauer,
Fuuh!
    Der Drache ist geblieben,
    Fuuh!
    Hat Kinder, Stücker sieben,
    Fuuh!
So kleine Ungeheuer,
Fuuh!
Ihr Atem war aus Feuer,
Fuuh!
    Und deshalb ist im ganzen Land,
    Fuuh!
    Die Hühnersuppe angebrannt,
    Fuuh! Fuuh! Fuuh!

- Informationen entnehmen
- Ein Gedicht mithilfe eines Leporellos präsentieren

▸ Lernen: S. 145 (Portfolio)

▸ Hör-CD: Nr. 2/26

Ein Gedicht umdichten

Zum Anbeißen

Uwe-Michael Gutzschhahn

Ich liebe dich wie Ananas,
wie Birnennektar, Cremesoufflé,
wie Dickmilchbrei und Erdbeereis,
wie Fleischsalat und Gurkenmilch,
wie Honigbrot und Ingwersaft,
wie Joghurttrunk und Kirschauflauf,
wie Leberkäs und Milchreistopf,
wie Nougatmark und Obstpüree,
wie Pizza und wie Quittenmus,
wie Rührei, Sahne, Tortenteig,
wie Uvatee, Vanilleshake,
wie Waldbeerquark und nichts mit X,
wie Yukkafrucht und Zuckerguss.

Und jedes Mahl gibt einen Kuss.

1 Arbeitet zu zweit.
Was ist das Besondere an dem Gedicht?
Sprecht darüber.

2 Sammelt zu den Buchstaben des Alphabets
Wörter für Speisen oder Getränke.
Erstellt eine Liste.

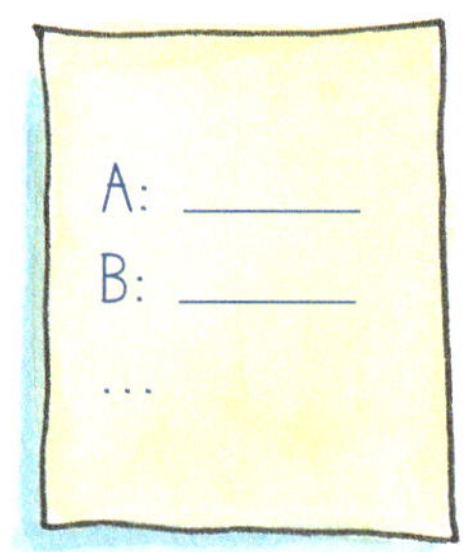

3 Schreibt mit euren Wörtern ein eigenes Gedicht.
Ich liebe dich wie A...

- Besonderheiten erkennen
- Wörter sammeln
- Schreibmuster nutzen

▸ A wie Anfang: S. 6
▸ Essen: S. 47
▸ Lernen: S. 145 (Portfolio)
▸ Hör-CD: Nr. 2/27
▸ Werkstatt-Heft Lesen: S. 50

Ein Gedicht ausdrucksvoll vortragen

Verwurmter Apfel

Paul Maar

Ein Wurm sucht sich 'nen Apfel aus
und sagt: „Der Apfel wird mein Haus!“
Dann kriecht er in den Apfel rein
und richtet seine Wohnung ein.
Den größten Teil macht er zum Klo.
(Das ist bei Würmern immer so.)

Jetzt sieht ein Mensch mit viel Vergnügen
den Apfel in der Wiese liegen.
Er freut sich sehr und ruft beglückt
– indem er sich zum Apfel bückt:
„Ein Apfel, ein ganz feiner.
Den ess ich, das ist meiner!“
Doch gleich drauf merkt der Mensch entsetzt:
Der Apfel ist ja schon besetzt.

1 Bereite das Gedicht für einen Vortrag vor. Überlege:
- Wo kann ich Pausen machen?
- Welche Wörter kann ich leiser oder lauter sprechen?
- Bei welchen Wörtern kann ich meine Stimme verändern?
- Wie kann ich Mimik und Gestik nutzen, um das, was im Text gesagt wird, deutlicher zu machen?

2 Übe das Gedicht so lange für einen Vortrag, bis du zufrieden bist. Trage es dann vor. Lass dir von deinen Zuhörern eine Rückmeldung geben.

Ein Rondell schreiben

Ein Rondell besteht aus acht Versen.
In einem Rondell kann ich meine Gefühle sehr gut ausdrücken.

Schritt 1
Ich bereite ein Schreibblatt für mein Rondell vor.
Die erste Zeile lasse ich für die Überschrift frei.
Ich nummeriere dann die nächsten acht Zeilen.

Schritt 2
Ich schreibe in der Überschrift
das Thema meines Gedichtes auf.
Es ist etwas, über das ich mich richtig freue,
das mich glücklich, wütend,
ängstlich oder auch traurig macht.

Schritt 3
Ich schreibe den Satz auf, der mir
zu meinem Thema am allerwichtigsten ist.
Es ist etwas, über das ich mich richtig freue,
das mich glücklich, traurig, ängstlich oder wütend macht.
Diesen Satz schreibe ich
in die Zeilen 1, 4 und 7.

Schritt 4
Ich fülle nun die noch freien Zeilen:

- In Zeile 2 schreibe ich einen Satz, der mir zu meinem Thema auch wichtig ist. Diesen Satz schreibe ich auch in Zeile 8.
- Für die Zeilen **3**, **5** und **6** überlege ich mir jeweils einen Satz, der zu meiner Überschrift passt.

Mein Geburtstag

1 Heute ist der beste Tag im Jahr!

2 Vor Freude könnte ich laut schreien!

3 Ich habe Geburtstag.

4 Heute ist der beste Tag im Jahr!

5 Es gibt Kuchen und Geschenke.

6 Mein Herz hüpft ganz wild vor Freude!

7 Heute ist der beste Tag im Jahr!

8 Vor Freude könnte ich laut schreien!

Yasemin

1 Arbeitet zu zweit.
- Jeder liest das Rondell für sich.
- Vergleicht die Schritte von Seite 180 und das Rondell **Mein Geburtstag**. Erklärt euch, wie man ein Rondell schreibt.

2 Schreibe ein eigenes Rondell.
Gehe nach den einzelnen Schritten vor.

Ich schreibe über meinen Hund Niri!

Ich schreibe darüber, dass ich heute wütend auf Papa bin!

Wut
Papa ist gemein!
Ich platze gleich vor Wut.
...

3 Trage dein Rondell vor.

▸ Eine Methode zum Verfassen eines Gedichts kennenlernen und anwenden

▸ Das Jahr: S. 106
▸ Lernen: S. 145 (Portfolio)

Werkstatt: Darstellendes Spiel

Ein Lied singen und dazu spielen

Der Frosch zog Hemd und Hose an

Text: Fredrik Vahle

Melodie: mündlich überliefert aus England

2. Dann hüpft er zu dem Mauseloch, aha, aha!
   Dann hüpft er zu dem Mauseloch
   und küsst die Maus, die liebt ihn doch, aha, aha!

3. Die Maus sagt: „Du bist nass und grün,
   jedoch du quakst so wunderschön."

4. Dann holt sie ihren Federhut,
   der steht ihr aber wirklich gut!

5. „Wo feiern wir? Ich freu mich schon."
   „In einem alten Pappkarton."

6. Die ersten Gäste kamen an,
   Rabe, Hamster, Spatz und Hahn.

7. Der Rabe stakste steif herein
   und rief sogleich:
   „Wo bleibt der Wein?"

Wiederhole immer die erste Zeile. Hänge an die erste Zeile und dritte Zeile immer **aha, aha!** an.

8. Der Hamster ist heut sehr galant,
er schüttelt jedermann die Hand.

9. Der Spatz, der hüpft im Zickzack ran,
weil er vortrefflich hüpfen kann.

10. Der Hahn stolzierte stolz heran
und kräht, so laut er krähen kann.

11. Und dann kam Onkel Ratte rein,
der trank sein Bier und schlief gleich ein.

12. Der Frosch quakt seinen schönsten Ton,
da wackelte der Pappkarton!

13. Der Kater Karlo hörte das
und schlich sich ran durchs hohe Gras.

14. Die Maus rief: „Guck, der Kater kommt!
Jetzt alle Mann den Fürchteton!“

15. Das quietschte und das pfiff und schrie,
der Kater rannte weg – und wie!

16. Er warnte seinen kleinen Sohn
vor dem Gespenst im Pappkarton.

17. Die Tiere in dem Pappkarton,
die tanzten, bis sie müde war'n.

1 Singt und spielt das Lied in drei Gruppen:
- Gruppe 1 singt das Lied als Erzähler der Geschichte.
- Gruppe 2 singt und spielt das **Aha, aha!** als Zuschauer.
- Gruppe 3 stellt mit Gestik, Mimik und Stimme die Tiere dar.

Zum Schluss tanzen alle und singen dabei **aha, aha.**

- Informationen entnehmen
- Ein Lied szenisch gestalten
- Zusammenarbeiten

- Ich – du – wir: S. 27
- Das Jahr: S. 96–97
- Darstellendes Spiel: S. 187
- Hör-CD: Nr. 2/28

Einen Text vortragen und spielen

Die vergesslichen Räuber

Josef Guggenmos

Sieben riesige Räuber
zogen sieben
riesige Jacken an.
Sieben riesige Räuber
schlüpften in sieben riesige Socken
und in sieben riesige Stiefel
und setzen sieben riesige Hüte auf.

Sieben riesige Räuber
schnallten sieben riesige Gürtel
mit sieben riesigen Säbeln um.
Sieben riesige Räuber
humpelten durch den Wald,
aber nicht weit,
dann machten sie halt.
Sie riefen: „Zu dumm!“
Und kehrten wieder um.

Sieben riesige Räuber
humpelten wieder nach Haus.
Sieben riesige Socken
und sieben riesige Stiefel
reichen für riesige Räuber nicht aus.

1 Sieben Kinder tragen das Gedicht langsam und betont vor. Sieben andere Kinder spielen dazu die sieben Riesen.

- Ein Gedicht vortragen und szenisch darstellen
- Zusammenarbeiten

▶ Lernen: S. 148
▶ Gedichte: S. 177, 179
▶ Darstellendes Spiel: S. 187

Gefühle ausdrücken

Spissi spassi

Franz Graf von Pocci

Spissi spassi Casperladi
Hicki hacki Carbonadi
Trenschi transchi Appetiti
Fressi frassi fetti fitti
Schlicki schlucki Casperluki
Dricki drucki mameluki
Michi machi Casperlores
Spissi spassi tschu capores.

1 Dieses Gedicht aus Fantasiewörtern
kannst du ganz verschieden vortragen.
Probiere aus und lies so:
- Du bist furchtbar wütend: Lies laut und schnell.
- Du findest das Gedicht komisch: Lache beim Lesen.
- Du findest das Gedicht langweilig: Gähne dabei.
- Du findest das Gedicht traurig: Lies mit weinerlicher Stimme.
- Du findest das Gedicht wichtig: Lies mit erhobenem Zeigefinger.

2 Arbeitet zu zweit.
Lest das Gedicht wie ein Gespräch.

- Ein Gedicht vortragen
- Gestik, Mimik und Stimme gezielt einsetzen

- Gefühle: S: 130, 134, 141
- Lernen: S: 148
- Gedichte: S. 179

Einen Text als Hörspiel gestalten

Aus manchen Geschichten können wir
gemeinsam ein Hörspiel machen.

Schritt 1
Wir hören den Text an und lesen ihn mehrmals.

Schritt 2
Wir sprechen über den Inhalt der Geschichte.
Dabei helfen uns die W-Fragen.

Schritt 3
Wir planen das Hörspiel:

- Welche Rollen/Sprecher gibt es?
- Wie reden diese miteinander?
- Welche Geräusche-Wörter kommen vor?
- Welche Geräusche passen noch?
- Welche Dinge brauchen wir für das Spiel?

Schritt 4
Wir organisieren das Hörspiel:

- Wir verteilen die Rollen.
- Wer macht welches Geräusch?

Schritt 5
Wir probieren unsere Ideen aus
und üben mit der Stimme,
mit Instrumenten und mit Sachen,
die passende Geräusche erzeugen.
Wir fügen den Text und die Geräusche zusammen
und überprüfen, ob alles zusammenpasst.
Wir üben so lange, bis wir zufrieden sind.

Schritt 6
Wir führen unser Hörspiel vor und nehmen es auf.

1 Probiert die Schritte an dem Text auf Seite 187 aus.

◗ Eine Methode zur Gestaltung und Präsentation eines Textes kennenlernen

▶ Lernen: S. 146–148
▶ Texte verstehen: S. 156
▶ Gedichte: S. 174/175

Erfinden

Aby Hartog

„Ich will einen Roller erfinden“, sagte der Esel zur Bärin.
„Oh“, sagte die Bärin.

Aus Gummistücken formte der Esel Räder.
Er baute eine hölzerne Kiste, die er auf die Räder stellte.
Aus Eisenstücken konstruierte er einen Motor.
Er legte den Motor auf die Räder.
Aus einem Baumstamm sägte er ein Lenkrad.
Und dann war er fertig.
Der Esel setzte sich in die Kiste,
startete den Motor und fuhr weg.
„Schau mal“, sagte der Esel, „es funktioniert!“
„Gut“, sagte die Bärin.
„Aber es ist ein Auto. Und kein Roller.“
„Oh“, sagte der Esel.

Der Esel baute den Wagen auseinander.
Und er schraubte alles wieder zusammen. Aber anders.
Aus Blättern und Schnur bastelte er zwei Flügel.
Diese verband er mit den Seiten der Kiste.
Und dann war er fertig.
Der Esel setzte sich in die Kiste,
startete den Motor und flog davon.
„Schau mal“, sagte der Esel, „es funktioniert!“
Aber das ist ein Flugzeug“, sagte die Bärin. „Und kein Roller.“
„Oh“, sagte der Esel.

Und dann baute der Esel alles wieder auseinander.
„Ich kann nichts“, dachte der Esel.
„Er kann schöne Dinge erfinden“,
dachte die Bärin.

▸ Einen Text als Hörspiel gestalten und präsentieren
▸ Rückmeldungen geben

▸ Alles verändert sich: S. 72–75

Eine Geschichte nachspielen

Viele Geschichten können wir gemeinsam nachspielen.

Schritt 1
Wir hören den Text an und lesen ihn mehrmals.

Schritt 2
Wir sprechen über den Inhalt der Geschichte.
Dabei helfen uns die W-Fragen.

Schritt 3
Wir planen das Spiel:
- Was tun die Figuren?
- Warum tun sie das?
- Wer sagt was?
- Wie reden sie miteinander?
- Welche Dinge brauchen wir für das Spiel?

Schritt 4
Wir organisieren das Spiel:
- Wir verteilen die Rollen.
- Wir besorgen die Requisiten.
  Das sind die Sachen,
  die wir zum Spielen brauchen.

Schritt 5
Wir probieren unsere Ideen aus und üben.
Wir experimentieren beim Spiel mit unserer Stimme,
mit unserer Körpersprache (Gestik) und
mit unserem Gesichtsausdruck (Mimik).
Wir beobachten uns gegenseitig beim Spiel
und geben uns Tipps.

Schritt 6
Wir führen unser Spiel vor.

1 Probiert die Schritte an der Geschichte auf Seite 189 aus.

◗ Eine Methode zur Gestaltung und Präsentation eines Textes kennenlernen

▸ Lernen: S. 146–148
▸ Texte verstehen: S. 156
▸ Darstellendes Spiel: S. 184
▸ Werkstatt-Heft Lesen: S. 36/37

Der Wind tat es

Mündlich überlieferter Schwank

Nasreddin Hodscha kletterte über den Zaun in einen fremden Garten und fing an, seinen Sack mit allem zu füllen, was er dort in seine Hände bekommen konnte.

Da erwischte ihn der Gärtner und schrie: „He, was machst du da?“

„Ich wurde von einem starken Wind hierher geblasen.“

„Und wer hat das Gemüse herausgerissen?“

„Ich habe versucht, mich daran festzuhalten, um zu verhindern, von dem Wind weggefegt zu werden.“

„Aber wie kommt es dann, dass das Gemüse in diesem Sack ist?“

„Das ist wirklich komisch. Ich saß gerade hier und wunderte mich genau darüber, als du hierher kamst.“

- Einen Text szenisch gestalten und präsentieren
- Rückmeldungen geben

▸ Das Jahr: S. 107
▸ Märchen: S. 165–169
▸ Hör-CD: Nr. 2/29

Ein Kartontheater bauen und damit spielen

Märchen, Fantasie- und Bilderbuchgeschichten können wir mit Papierfiguren in einem Kartontheater nachspielen. Wir arbeiten dabei in Gruppen an den verschiedenen Aufgaben.

Die Bühne bauen
Der Karton sollte so groß sein, dass mehrere Kinder mitspielen können.
Zuerst schneiden wir vorsichtig das Bühnenfenster und Kerben für die Kulissen aus.

Die Kulissen gestalten
Die Kulissen (einen Wald, ein Zimmer, ...) gestalten wir aus dünnem Karton und befestigen sie an Stäben.

Den Vorhang herstellen
Mit einem Vorhang zu Beginn und beim Wechsel der Szenenbilder wird das Theaterspiel spannender.

Die Figuren gestalten

Die Spielfiguren schneiden wir aus festem Karton aus und befestigen sie an einem Stab. Wir gestalten sie auf beiden Seiten, damit sie sich umdrehen und hin- und herlaufen können.

Das Spiel proben

Auch beim Spiel können wir Gruppen für die verschiedenen Aufgaben bilden, zum Beispiel:

- Gruppe 1 führt die Figuren
- Gruppe 2 spricht die Rollen
- Gruppe 3 sorgt für die Geräusche, den Vorhang, den Wechsel der Kulissen, die Beleuchtung, …

Das Spiel aufführen

1 Wählt einen Text aus dem Lesebuch aus. Baut ein Kartontheater und spielt damit die Geschichte vor.

▸ Eine Methode zur Gestaltung und Präsentation eines Textes kennenlernen

▸ Lernen: S. 146–148
▸ Märchen: S. 170/171
▸ Darstellendes Spiel: S. 188

▸ Werkstatt-Heft Lesen: S. 36/37

Originaltexte

Die Wassernixe

Brüder Grimm

So endet das Märchen von Seite 172/173:

... Das gab einen Spiegelberg, der war so glatt,
so glatt, dass sie unmöglich drüber konnte.
Da dachte sie: „Ich will geschwind nach Haus gehen
und meine Axt holen und den Spiegelberg entzweihauen."

Bis sie aber wiederkam und das Glas aufgehauen hatte,
waren die Kinder längst weit entflohen,
und die Wassernixe musste sich wieder
in ihren Brunnen trollen.

Wichtige Fachwörter

ABC
▸ Seite 6, 178
Das ABC ist eine Liste aller Buchstaben von A bis Z. Man nennt es auch Alphabet.

Absatz/Abschnitt
▸ Seite 12, 25, 38, 114, 160/161
Ein Absatz oder Abschnitt ist ein Teil eines ▸ Textes. Du erkennst Absätze daran, dass zwischen ihnen eine leere ▸ Zeile steht.

Autorin/Autor
▸ Seite 82-85, 176/177
Ein Autor ist derjenige, der eine ▸ Geschichte, ein ▸ Gedicht oder ein Buch geschrieben hat.

Bücherei
▸ Seite 82/83, 87
In einer Bücherei kann man Bücher und andere ▸ Medien ausleihen. Eine Bücherei nennt man auch Bibliothek.

CD-ROM
▸ Seite 86
Auf einer CD-ROM kann man mit Hilfe des Computers Daten, Musik oder auch Filme speichern.

Cluster
▸ Seite 42, 154/155
In einem Cluster kannst du viele Ideen und Informationen geordnet aufschreiben.

Comic
▸ Seite 49, 103
Ein Comic ist eine bestimmte Art von Bildergeschichte. Was die Personen sagen oder denken, steht meist in Sprechblasen.

Detektivgeschichte/Krimi
▸ Seite 116-129, 157
Detektivgeschichten und Krimis sind spannende ▸ Geschichten, in denen es um das Aufdecken eines Unrechts oder eines Verbrechens geht.

Diagramm
▸ Seite 52, 93
Ein Diagramm ist ein Schaubild. Du kannst Größenverhältnisse zum Beispiel in Form von Balken oder Ergebnisse von Umfragen als Stücke einer Torte darstellen.

Erzähler
▸ Seite 139, 170, 183
Der Erzähler ist derjenige, der eine ▸ Geschichte erzählt, zum Beispiel ein Kind, das etwas erzählt. Geschrieben hat diese Geschichte aber in Wirklichkeit ein Dichter oder Schriftsteller.

A B C D E F G H I J K L M N O P Qu R S T U V W X Y Z

Fabel
▶ Seite 107
Eine Fabel ist eine kurze ▶ Geschichte, aus der man etwas lernen kann. Meistens erzählen Fabeln von Tieren. Die Tiere haben in Fabeln menschliche Eigenschaften und können sprechen. Oft steht am Ende der Fabel ein Lehrsatz.

Figur
▶ Seite 162, 164, 168, 169, 191
Personen und andere Wesen, die in ▶ Geschichten vorkommen, nennt man Figuren. Märchenfiguren sind zum Beispiel: König, Prinzessin, Hexe, Riese, Frosch.

Gedicht
▶ Seite 15, 39, 63, 95, 174-181
Ein Gedicht besteht aus kurzen ▶ Versen. Die Wörter am Ende der Verse reimen sich oft.

Geschichte
▶ Seite 23, 40/41, 86/87, 188/189
Eine Geschichte ist ein ▶ Text, in dem etwas erzählt wird. Geschichten können interessant, spannend, lustig, traurig sein.

Gestik
▶ Seite 141, 148, 161, 179, 185
Mit Gestik ist die Sprache des Körpers gemeint. Sie drückt sich in den Bewegungen der Hände, Arme, Beine und in der Körperhaltung aus.

Grafik
▶ Seite 39, 44, 52, 67, 93, 136
Grafiken vermitteln Informationen in Form von Bildern, Zeichnungen, Schaubildern, ▶ Zeitleisten, ▶ Diagrammen, Symbolen.

Homepage
▶ Seite 21, 85, 87, 105, 113
Eine Internetseite nennt man auch Homepage. Jede Homepage hat ihre eigene Adresse im Internet. Will man eine Seite im Internet besuchen, muss man die richtige Adresse eingeben. Die Adresse der Homepage des ▶ Autors Erhard Dietl ist zum Beispiel *www.erhard-dietl.de*.

Hörbuch
▶ Seite 86
In einem Hörbuch werden ▶ Geschichten, ▶ Gedichte oder ▶ Sachtexte vorgelesen.

Hörspiel
▶ Seite 86, 186/187
In einem Hörspiel wird ein ▶ Text von mehreren Personen gelesen. Manchmal wird dazu auch Musik gespielt.

Illustratorin/Illustrator
▶ Seite 82-85
Ein Illustrator malt und zeichnet passende Bilder zu ▶ Geschichten.

Inhaltsverzeichnis

▸ Seite 2/3, 198-203

Ein Inhaltsverzeichnis findest du meistens am Anfang oder am Ende eines Buches. Es gibt die Seiten an, auf denen die ▸ Texte des Buches zu finden sind.

Interview

▸ Seite 50/51, 84/85

Ein Interview ist eine Befragung. Der Fragesteller will dabei etwas über Personen oder Dinge herausbekommen.

Kapitel

▸ Seite 4/5

Ein Kapitel ist ein Teil eines Buches. Meistens haben Kapitel eine eigene ▸ Überschrift oder eine Nummer.

Krimi/Detektivgeschichte

▸ Seite 116-129, 157

Krimis und Detektivgeschichten sind spannende ▸ Geschichten, in denen es um das Aufdecken eines Unrechts oder eines Verbrechens geht.

Lexikon

▸ Seite 144, 152

Ein Lexikon ist ein Buch, in dem man Erklärungen für Wörter und Dinge nachschlagen kann.
Die ▸ Stichwörter sind nach dem ▸ ABC geordnet.
Informationstexte in einem Lexikon nennt man Lexikonartikel.

Märchen

▸ Seite 162-173

Märchen sind alte ▸ Geschichten. Oft kommen Hexen, Zauberer, Prinzessinnen, Geister und Fantasiewesen darin vor. Im Märchen siegt fast immer das Gute.

Medien

▸ Seite 86/87

In einer ▸ Bücherei kannst du verschiedene Medien ausleihen. Sie können gedruckt sein, zum Beispiel Bücher und Zeitschriften. Es gibt aber auch Medien, die man sich anhören oder ansehen kann: CDs, ▸ CD-ROMs, Kassetten (MCs), DVDs, MP3s.

Mimik

▸ Seite 141, 148, 161, 179, 185

Mit Mimik sind die Bewegungen der Gesichtsmuskeln gemeint. Sie erzeugen einen bestimmten Gesichtsausdruck. Darin sind oft Gefühle wie Freude, Wut, Traurigkeit ablesbar.

Notizen

▸ Seite 142, 152

Notizen sind einzelne Wörter oder kurze Sätze, die man aufschreibt, um sich etwas zu merken.

A B C D E F G H I J K L M N O P Qu R S T U V W X Y Z

Recherche/recherchieren
▸ Seite 43, 48, 61, 105, 117, 144
Recherche meint die Suche nach Informationen. Wenn du recherchierst, forschst du nach und informierst dich über etwas.

Reim
▸ Seite 15, 32, 39, 182/183
Reime sind Wörter, die ähnlich klingen. Sie kommen vor allem in ▸ Gedichten und Liedern vor.

Rolle
▸ Seite 182-191
Die Rolle ist der ▸ Text einer Person oder einer ▸ Figur, zum Beispiel in einem Theaterstück. Den ▸ Text kann man lesen oder auswendig sprechen. Die Rolle der Person oder ▸ Figur kann man auch spielen.

Sachtext
▸ Seite 38, 42, 52/53, 66/67, 153
Ein Sachtext informiert über Lebewesen und Dinge.

Schlagzeile
▸ Seite 42, 58
Die ▸ Überschrift eines ▸ Textes in einer Zeitung, einer Zeitschrift oder einer Anzeige ist die Schlagzeile. In der Schlagzeile wird der Inhalt des ▸ Textes zusammengefasst. Sie soll beim Leser Interesse wecken.

Schwank
▸ Seite 189
Ein Schwank ist eine lustige ▸ Geschichte. Oft wird im Schwank jemand hereingelegt wie zum Beispiel in den Eulenspiegelgeschichten.

Stichwörter
▸ Seite 142, 154
Stichwörter schreibt man auf, wenn man sich ▸ Notizen macht. Stichwörter können einzelne Wörter oder auch kurze Sätze sein. Stichwörter nennt man auch die Wörter, nach denen man in einem ▸ Lexikon nachschlägt.

Strophe
▸ Seite 27, 96/97, 134, 174/175
Ein ▸ Absatz oder Abschnitt in einem ▸ Gedicht heißt Strophe. Eine Strophe besteht meistens aus mehreren ▸ Versen.

Suchmaschine
▸ Seite 117, 144
In einer Suchmaschine werden Internetseiten nach ▸ Stichwörtern geordnet. Kindersuchmaschinen speichern nur die Internetseiten, die für Kinder interessant sind. Suchst du nach einem ▸ Stichwort, bekommst du eine Liste mit Internetseiten, die zu dem ▸ Stichwort passen. Diese Suchergebnisse kannst du dann anklicken.

Tabelle

▸ Seite 16, 62, 78, 92

In einer Tabelle werden Informationen übersichtlich und geordnet dargestellt. Eine Tabelle hat Felder, ▸ Zeilen und Spalten.

Text

▸ Seite 17, 43, 78

Ein Text besteht aus mehreren Sätzen, die zusammen etwas erzählen oder erklären. Texte haben meistens eine ▸ Überschrift. ▸ Gedichte, ▸ Geschichten, ▸ Sachtexte oder ▸ Märchen – das alles und noch viel mehr – sind Texte.

Titel

▸ Seite 13, 176/177

Jedes Buch hat einen Titel. Er steht vorn auf dem Umschlag. Der Titel sagt, wie das Buch heißt, und soll Lust machen, es zu lesen.

Überschrift

▸ Seite 15, 25, 38, 78, 160/161

In der Überschrift steht, worum es in dem ▸ Text geht. Die meisten Texte haben eine Überschrift. Die Überschrift soll zum Lesen anregen.

Verlag

▸ Seite 82/83

In einem Verlag werden Bücher geplant und hergestellt. Der Name des Verlags steht auf dem Umschlag des Buches.

Vers

▸ Seite 15, 95, 96/97, 180/181

Eine ▸ Zeile im ▸ Gedicht nennt man Vers. Verse sind meistens kurz. Am Ende der Verse stehen oft ▸ Reimwörter.

Wörterbuch

▸ Seite 144

In einem Wörterbuch sind die Wörter nach dem ▸ ABC angeordnet. Man gebraucht ein Wörterbuch, um zu erfahren, wie Wörter geschrieben werden und was sie bedeuten.

Zeile

▸ Seite 128

Eine Reihe in einem ▸ Text oder in einer ▸ Tabelle nennt man Zeile. Man liest sie von links nach rechts.

Zeitleiste

▸ Seite 74/75, 79

Eine Zeitleiste ist eine Linie, auf der Zeitabschnitte und Jahreszahlen eingetragen sind. Du erhältst so einen Überblick über einen bestimmten Zeitraum. Zeitleisten gehören zu ▸ Grafiken.

Inhaltsverzeichnis

Alles verändert sich

Bücher und andere Medien

Das Jahr

Detektive

Gefühle

Werkstatt: Lernen

Werkstatt: Texte verstehen

Werkstatt: Märchen

Werkstatt: Gedichte

Werkstatt: Darstellendes Spiel

Anhang

Verzeichnis der Autorinnen und Autoren

Unbekannte und ungenannte Autorinnen und Autoren

Pusteblume

Das Lesebuch 3

Neubearbeitung

Zum Lesebuch 3 gehören:

Lehrermaterialen 3 mit DVD-ROM	978-3-507-49496-1
Kopiervorlagen 3	978-3-507-49499-2
Hör-CD 3	978-3-507-49505-0
Werkstatt-Heft Lesen 3	978-3-507-43439-4
Sprachbuch 3	978-3-507-49443-5
Arbeitsheft 3	978-3-507-49447-3
Förderheft 3	978-3-507-49464-0
Forderkartei 3	978-3-507-49467-1
Arbeitsheft inklusiv 3	978-3-507-49473-2
Lehrermaterialien 3	978-3-507-49452-7
Kopiervorlagen 3	978-3-507-49455-8
Digitale Lehrermaterialen 3 mit E-Book	978-3-507-49458-9
Interakive Tafelbiler CDR 3 (Einzellizenz)	978-3-507-49476-3
Interakive Tafelbiler CDR 3 (Schullizenz)	978-3-507-49479-4
Lernsoftware 3 Download (Windows)	web-507-49482
Lernsoftware 3 Download (Mac)	web-507-49485
Lernsoftware 3 Download Netzwerklizenz (Windows und Mac)	web-507-49440
App 3	web-507-49515
Ferienheft 3	987-3-507-49509-8
Kompetenzen überprüfen 1-4 mit DVD-Rom	978-3-507-49489-3
DaZ-Heft	978-3-507-49524-1
Lehrermaterialien zum DaZ-Heft mit Kopiervorlagen	978-3-507-49526-5

Weitere Informationen und die Pusteblume-App 3 finden Sie unter **www.westermann.de/pusteblume**.

westermann GRUPPE

Druck A[5] / Jahr 2020
Alle Drucke der Serie A sind im Unterricht parallel verwendbar.

Redaktion: Claudia Kettrup
Umschlaggestaltung: Künkel – Büro für Gestaltung mit einer Illustration von Bettina Kumpe
Layout: VISIO Kommunikation GmbH, Bielefeld; Druckreif! Annette Henko, Braunschweig; Katja Schumann
Druck und Bindung: Westermann Druck GmbH, Braunschweig

ISBN 978-3-507-**49493**-0

Bildquellenverzeichnis:
lakg-images GmbH, Berlin: ClassicStock/Roberts, H. Armstrong 116.1; Les Arts DÈcoratifs, Paris / Jean Tholance 74.8; RIA Nowosti 70.15; Simultanfenster auf die Stadt, Robert Delaunay, 1912 94.1. lallOver - galérie photo, Plourivo: Udo Kroener 42.1. lAndrews McMeel Publishing, Kansas City: CALVIN AND HOBBES © 1990 Watterson. Reprinted with permission of UNIVERSAL UCLICK. All rights reserved. 49.1. lArena Verlag GmbH, Würzburg: Jürgen Banscherus: Ein Fall für Kwiatkowski. Rache ist Schokotorte. © Arena Verlag GmbH, Würzburg 2009. 978-3-401-06139-9. 124.1; Knister: Hexe Lilli und der verrückte Ritter. Der Bücherbär. Arena Verlag Würzburg 13.5; Kwiatkowski 116.5. lBeltz & Gelberg in der Verlagsgruppe Beltz, Weinheim: Aliki: Gefühle sind wie Farben 130.1, 130.2, 130.3, 130.4, 130.6, 130.7, 130.8, 130.9; Michael De Cock: Rosie und Moussa. © 2013 Beltz Verlag, Weinheim Basel 29.2; Wo kommen die Worte her? 80.1. lBibliographisches Institut & F.A. Brockhaus AG, Mannheim: Duden Grundschullexikon 144.1. lBlickwinkel, Witten: F. Hecker 62.6. lBridgeman Images, Berlin: Peter Doig: Blotter, VG BILD-KUNST, Bonn 2017 34.1. lCarl Hanser Verlag, München: Antje Damm, Kiki © 2012 München 139.1. lDietl, Erhard, München: 84.1. lDisney Publishing Worldwide, München: Donald Duck 74.2; Winnie Puh 26.1. lDressler Verlag GmbH, Hamburg: Cornelia Funke: Drachenreiter 41.1; Cornelia Funke: Drachenreiter © Dressler Verlag / Illustration: Cornelia Funke 40.1. lEDITION TANDEM, Salzburg: Heinz Janisch (Autor) und Martine Schramm (Illustrator): Das Tigermädchen. Edition Tandem, Salzburg 2010 31.3. lEditions Nathan, Paris cedex 13: Vivre ensemble, c'est quoi? écrite en langue française par Oscar Brenifier, et illustrée par Frédéric Benaglia copyright 2005 by Editions Nathan, Paris – France. Édition originale: Vivre ensemble, c'est quoi? site internet de l'auteur: http://www.brenifier.com 143.1, 143.2, 143.3, 143.4, 143.5, 143.6. lEulig, Stefanie, Paderborn: 57.1, 153.1, 153.2, 153.3; App „Drachenfest für Feuerstuhl“, Verlag Friedrich Oetinger GmbH 87.1. lF1online digitale Bildagentur GmbH, Frankfurt/M.: Alaskastock RM 68.4. lfotolia.com, New York: (c) rdnzl 74.7; Andrea Izzotti 62.2; Arochau 70.3; Bene Images 125.2; crisod 62.1; Discovod 74.3; dom65 73.3, 73.4, 73.5; Monkey Business 70.9; Nikolai Sorokin 74.4; tang90246 75.19; Ute Schwendt 38; WavebreakMediaMicro 70.14; ziss 38.2; © vovik_mar 38.3. lfragFINN e.V., Berlin: Screenshot www.fragfinn.de 144.7. lFranckh-Kosmos Verlags-GmbH & Co. KG, Stuttgart: Die drei ??? Kids - Chaos vor der Kamera; Illustration: Stefanie Wegner 116.4; Ulf Blanck: Die drei ??? Kids - Chaos vor der Kamera, (c) 2000, 2009, Stuttgart, Illustrationen von Stefanie Wegner 126.1, 127.1. lGetty Images, München: Denis Scott/Comet 64.3. lImago, Berlin: imagebroker 62.3. lInterfoto, München: SuperStock 70.8. liStockphoto.com, Calgary: iStock photo © gradyreese 22.2; isuaneye 68.2; petrograd99 70.7; Stock photo © Christopher Futcher 70.1, 70.5; Stock photo © dalton00 74.9; Stock photo © dschreiber29 65.1. lKlett Kinderbuch Verlag GmbH, Leipzig: Alexandra Maxeiner/Anke Kuhl: Alles lecker! © 2012 by Klett Kinderbuch, Leipzig. 46.1; Monika Port: Das mutige Buch (c) Leipzig 2013 136.1; Pernilla Stalfelt: So bin ich und wie bist du? 18.1, 18.2, 18.3, 18.4, 18.5. lLoewe Verlag GmbH, Bindlach: Doris Mendlewitsch, Christine Gerber, Manuela Kalupke, Ralph Caspers: Wissen macht Ah! - GENIAhL! – Phänomenale Erfindungen mit Shary und Ralph © 2011 144.6. lmauritius images GmbH, Mittenwald: ClassicStock / H. Armstrong Roberts 70.2; Johnér 105.2; SuperStock 70.10, 70.4. lOKAPIA KG - Michael Grzimek & Co., Frankfurt/M.: Bildnachweis NAS/Richard Ellis 68.3; NAS/Scott Camazine 113.1. lPicture-Alliance GmbH, Frankfurt/M.: AP Photo 58.1; Apple 75.20; Chad Ehlers 105.1; Hans Hartl 65.2; IAN BODDY/ SCIENCE PHOTO LIBRARY 22.1; PA Raffles Museum 64.2; Paul Mayall 74.5; picture alliance / dieKLEINERT.de / Fritz Krauss 75.15; picture alliance / WaterFrame / Franco Banfi 65.3; picture alliance / WILDLIFE 64.1. lPLAYMOBIL, geobra Brandstätter GmbH & Co. KG, Zirndorf: PLAYMOBIL 75.16. lRavensburger Buchverlag Otto Maier GmbH, Ravensburg: Das Ravensburger Grundschullexikon von A-Z © 2014 144.2; Loewe Dieter/ Winzentsen Ursula/ Loewe Elke: Neue Geschichten von Piggeldy und Frederick © 2012 132.1, 133.1; Marjorie Weinman Sharmat / Detlev Kersten: Nick Nase und der verschwundene Schlüssel © 2008 by Ravensburger Buchverlag Otto Maier GmbH, Ravensburg 13.2. lRothmund, Sabine, Tübingen: Der Bunte Hund - Adrian & Odilo im Freibad, www.illustrationunddesign.de 103.1. lSchmidt Spiele, Rosenheim: 74.1. lScience & Society Picture Library, Berlin: 75.12, 75.18. lSeaTops, Pirmasens: E. Rekdal 62.7; M. Strmiska 64.4. lShutterstock.com, New York: Artesia Wells 104.1; Bloomua 73.6; Bychykhin Olexandr 74.10; Ian Scott 62.4; Jitinatt Jufask 68.1; JULIE LUCHT 58.2; marina durante 62.5; Vitaly Korovin 75.17; Zeynep Demir 73.7. lSiemens AG Corporate Communications and Government Affairs, München: Siemens 73.2. lSPIEGEL-Verlag Rudolf Augstein GmbH & Co. KG, Hamburg: Dein SPIEGEL 12/2014, http://www.spiegel.de/spiegel/ 144.6. lTESSLOFF Verlag, Nürnberg: WAS IST WAS ERFINDUNGEN –Genie und Geistesblitz Band 35, © 2015 TESSLOFF VERLAG, Nürnberg 144.4. lThienemann-Esslinger Verlag GmbH, Stuttgart: Otfried Preussler: Der kleine Wassermann © 1956 by Thienemann Verlag. Isbn 978-3-522-10620-7. 55.1; Otfried Preußler: Der kleine Wassermann 55.1. lTulipan Verlag, München: G. Likar: Prinzessin Fibi und der Drache. Tulipan ABC. Tulipan Verlag München. 978-3-939944-29-4. 13.3. lTV-yesterday, München: W. M. Weber 73.1, 75; W.M.Weber 75.14. lUnilever Deutschland GmbH, Hamburg: Unilever Deutschland Holding GmbH 74.6. lVerlag Friedrich Oetinger GmbH, Hamburg: Astrid Lindgren: Weihnachten im Stall. Oetinger Verlag, Hamburg. 978-3-7891-6132-2 111.1; Erhard Dietl, Gustav Gorky © Hamburg 2012 88.1, 88.2, 89.1; Erhard Dietl: Die Olchis im Zoo. Büchersterne. Oetinger Verlag Hamburg, 2009 13.4; Erhard Dietl: Die Olchis und der karierte Tigerhai 61.1; Erhard Dietl: Die Olchis und der karierte Tigerhai © Verlag Friedrich Oetinger GmbH, Hamburg 2009. 978-3-7891-3316-9. 61.2; Erhard Dietl: Gustav Gorky 91.1, 91.2; Erich Kästner: Emil und die Detektive 116.2; Jutta Bauer aus: Astrid Lindgren, Kalle Blomquist © Hamburg 1996 116.3. lVerlag Jungbrunnen GmbH, Wien: Aus: Rusalka Reh: Sommer auf Balkonien © 2014 102.2. lVoller Ernst GbR, Berlin: 70.6. lWefringhaus, Klaus, Braunschweig: 86.1, 86.2, 86.3, 87.2; Verlag Friedrich Oetinger GmbH 87, 87.4. lwww.antje-drescher.de, Hamburg: 36.1, 37.1. l© dtv Verlagsgesellschaft, München: junior: Jürg Obrist: Lauter klarer Fälle 120.1, 121.1.